温雅教育

一位校长十年办学的行与思

李文和 著

天津社会科学院出版社

图书在版编目（CIP）数据

温雅教育：一位校长十年办学的行与思 / 李文和著
. --天津：天津社会科学院出版社，2021．7
　　ISBN 978-7-5563-0746-3

　　Ⅰ．①温…　Ⅱ．①李…　Ⅲ．①中小学－办学经验－研
究　Ⅳ．①G637

中国版本图书馆 CIP 数据核字（2021）第 148155 号

温雅教育：一位校长十年办学的行与思
WENYA JIAOYU：YIWEI XIAOZHANG SHINIAN BANXUE DE XING YU SI

出 版 发 行：天津社会科学院出版社
地　　　址：天津市南开区迎水道 7 号
邮　　　编：300191
电 话/ 传 真：(022) 23360165（总编室）
　　　　　　 (022) 23075303（发行科）
网　　　址：www. tass-tj. org. cn
印　　　刷：英格拉姆印刷(固安)有限公司

开　　　本：787×1092 毫米　1/16
印　　　张：14
字　　　数：210 千字
版　　　次：2021 年 7 月第 1 版　2021 年 7 月第 1 次印刷
定　　　价：68.00 元

序 言

　　很年轻的时候，就读到过范仲淹的这句话："云山苍苍，江水泱泱，先生之风，山高水长。"

　　后来，当了老师、校长，脑海中总是想象勾画着"先生"的样子。不断地问自己，"教育是什么""教育为什么""怎样才能办出真正的教育"，在一路的行与思中追寻着自己的教育梦。

　　一所好学校应该是孩子们喜欢的地方，也应该是教师实现事业和生命成长的地方。学校应该是温暖的、有色彩的、有能量的。

　　一位全国知名的企业家说，很多教师的离职是因为校长的失职。这个观点可能过于武断，但校长在营造学校文化，建设教师团队，引领学校发展中的作用确是至关重要。

　　人性的修炼和专业的高度是优秀校长应该具备的素养。而不断地读书、思考、实践、修养是校长的基本功课。

　　校长不能停留在空想和空谈，要把规划落实落细，要把愿景变成团队具体行动，学校才会逐步向着理想状态发展。我曾经为自己制定过非常具体的成长计划并始终践行。归结为"六个一"行动，即：

　　1.每天思考一项改变提升学校的策略。

　　2.每天巡视一圈校园，观察师生面貌和环境状况。

3.每天听一节课，了解真实的课堂样态。

4.每天与一位师生交流，建立无缝的心灵链接。

5.每周会见一位家长，倾听对学校的意见建议。

6.每月给教师或家长做一次讲座，实现有效的价值引领。

春风走过，花儿知道。教师的爱有几分，学生心里最有数，学生是不可能向他不喜欢、不认可的老师学习的。园丁会依照花的品种性情的施肥浇水，教师该用父母心精心呵护秉性各异的学生。心在何处，智慧就在何处，爱在哪里，奇迹就发生在哪里。校长要和教师携手同心，塑造孩子的美好灵魂，创造教育奇迹。

人间烟火气，最抚凡人心。每个人都有自己的脾气秉性、工作风格。校长要学会用欣赏的眼光，包容的心态平等对待每一个人。不可能有十全十美都顺我们心意的教师和学生，这时候才考验你的心胸度量。你的心里能装下多少人，便能成就多大的事！如果在我们的眼里能够发现每一个人的美，聚焦每一个人的美，成就每一个人的美，我们就是"贵人、圣人"。

校长要懂得等距交往。勿施小惠伤大体，毋借公道遂私情。不行亲疏远近、不搞团团伙伙，真心实意关爱和成就每一位教师。唯其如此，才会形成美美与共，和谐共融的团队精神。

校长要善于创造1＋1大于2的神奇。团结和温暖每一位员工，彼此支撑，互相促进，团队建设要懂得"和羹之美，在于合异，上下之益，在能相济"。

如果工作不开心、不幸福，那么生活一定是没有色彩的。在学校这个微型社会场景中，让教师收获归属感和自我价值感，形成自我控制，愿意承担责任、为团队做贡献。价值引领不同于刻板地控制。通过对话与分享、倾听与共情、合作与协商、启迪与激励，引导教师做有理想信念、有道德情操、有扎实学识、有仁爱之心的教育者。

十几年来，我先后带领天津市武清区杨村第八小学和天津市雍阳中学这两个团队,摸索出了自己的办学风格,取得了良好办学效果,赢得了家长和社会的认可和赞誉。本书主要介绍笔者带领这两所学校在课程落实、学科教学、全面发展、身心健康等方面的办学成果和经验做法。这两所学校先后获得了"全国素质教育先进集体""全国五四红旗团组织""天津市文明校园""天津市优秀基层党支部"等荣誉称号,这些荣誉里凝结着全体师生的智慧和汗水。

一路走来,看到的是辛勤的教师们为了学校的发展、学生的成长努力耕耘的身影;看到的是可爱的学生为实现人生的理想勤奋学习、超越自我的足迹。

青春正好,未来可期。走进校园我们俨然变成了孩童,一起逐梦,为爱、为真、为善、为美、为未来、为我深爱的这块土地、为每一个学生!

李文和

目 录

第一章　走进温雅教育

教育观念是教育行为的先导,转化为学校制度就是规范学校办学行为,内化为师生信念就规范了所有人的学校生活。在笔者的办学教育生涯中,紧紧围绕以人民为中心的发展思想,以培养幸福的人为宗旨,深入贯彻"以人为本,健康成长,快乐学习,追求卓越"的办学思想,逐渐形成了"温雅教育"的教育观念,把"培养高素质的学生,打造智慧型的教师,追求高效益的课堂,让每一位教师幸福地工作、让每一名学生快乐地学习、健康地成长"作为学校工作目标,按照"环境美、生活乐、人际暖、育人优、身心强"各方之和的实施路径,积极推进"美丽校园""快乐课堂""理想学园"和"安全校园"的校园新样态,确保学校建设更优势、文化活动高品质、制度建设有温度、师生生活有品位,使"幸福校园"图景式的好教育成为全校师生共同追求的目标与理想境界。在有温度的校园中培养有诗书气质的学生,在坚持传承和创新中追求卓越,在提高品位和质量中促进发展,是温雅教育的灵魂所在。

第一节　树立"德学健美"的学生观

树立正确的学生观是形成科学的教育观念的核心。在十年的办学过程中,笔者一直以学生长远发展为目标,着力于提升学生综合素养,形成了"德学健美"四位一体的学生发展观,不断提高学生文明生活的基本素质,形成良好的学习习惯,追求特色发展和卓越的意志动力,拥有健康的心理和强健的体魄,培养辨别美丑和追求美好生活的基本能力。

一、教育工作者应该有正确的教育哲学

每位教师都有自己的教育哲学,它是教师教学行为和职业生涯的内在动力和支撑。对学生、对教育的不同理解,影响了教师的日常教学生活。"无论是哪一个学科的老师,都应该知道要把学生培养成什么样子,学生最终要获得什么样的发展,对社会、对国家起到一个什么样的推动作用。"①有的认为,教育就是传授知识,让学生成为博闻强记的人,这就是教育的成功。有的认为,教育就是未来生活做准备,为未来的工作储备知识、练习技能,是未来自己的谋生手段,这就是教育的本质所在。还有的认为,教育是迈向成功的阶梯,是脱离贫穷、远离苦难、避免愚昧的法宝,是人们向上流社会流动的重要渠道,能够让受教育的人过上有品质的幸福生活。但这些观点与全面科学的学生观和教育哲学之间还有很大的距离。作为育人的教师,必须要建立先进的、科学全面的教育价值观和学生观,为每一个鲜活的生命健康成长负责。

教师应牢牢树立"教育为人生"的观念,促进学生精神的健康成长,促使学生向内寻求,找到自我和本我。学校要培养学生的好学精神、爱美精神等,使其拥有丰富的内心世界,这些都是人生中不可或缺的精神,没有了这些,人就难以成为一个健全的人。

作为教育管理者,应该善于利用各种因素,因势利导,影响教师的内在信念,使教师形成正确的教育价值观,利用理念进行学校管理和行为引导,能够最大化地形成校内的教育价值认同,有效地提高教育效率。笔者曾经任职的天津市武清区杨村第八小学,校歌《飞扬的童年》就是由该校教师王淑英作

---

① 马景林. 吸引优秀的人进入到学校才能教出我们所期待的优秀的人[Z/OL]. 2020－12－17. http://education. news. cn/2020－12/17/c_1210934587. htm.

词,歌词内容展现了八小的办学特色——开齐课程,开足课时,全方位促进学生有效发展。孩子们在八小这片沃土上健康快乐地成长,《飞扬的童年》凝练了该校所有教师和管理人员对学生成长的理想和期待。

二、把立德树人置于教育工作的优先地位

育人为本,德育为先。笔者在教育工作中,积极探索育人模式,增强全员德育意识,提高学生文明生活的基本素质,培养学生良好的行为习惯,增强学生接触社会的基本能力,提升学生在生活上的自理能力,行动上自律,心态上自控,情感上自悦,以达到最终促进学生全面发展的目的。以笔者曾经任职的天津市雍阳中学为例:

(一)确立"快乐德育"的工作理念,提升学生在校学习质量

学校确立了"让学生在自主体验中快乐、在快乐中发展"的德育工作理念,把德育活动作为"一种充满生命体验与生命关怀、富于生命活力的教学活动",做到"月月有活动,周周有节目,天天有快乐"。通过活动文化的构建,为学生创设快乐学习的环境,通过学生乐于参与的活动,在教师的启迪和帮助下,使学生在快乐体验的中快乐成长。

(二)以思政教育为主阵地,培养学生爱国明理守信的良好品格

学校坚持以爱国主义教育为主旋律,以思政教育为主阵地,以价值观教育为核心,以优秀传统文化为引领,以实践课堂为平台,扎实开展德育活动。

1.组织主题教育活动,进行理想信念教育

学校每年举办为期一周的新生国防教育夏令营活动:部队教官与学生同吃、同住,强化学生的爱国主义教育、国情教育与国防教育;七年级建队仪式,八年级十四岁青春仪式,九年级入团仪式给不同阶段学生以价值观引领;"时代好少年""美德少年"的评选活动让全体学生们争做"行为的高标,实践的典范";充分挖掘教育资源,将当地的风土人情、历史文化与学校特色活动、学科

教育有机整合，将思想道德教育、礼仪文明教育、生态节约教育融入研学活动中，将爱国仪式、户外课程、探索实践等充实研学内容，形成了思想教育、知识积累、集体生活方式、社会道德体验四位一体的研学模式，拓宽学生视野；积极开展学"四史"主题演讲活动，使学生领悟爱国主义精神，从历史中感悟奋斗精神，在知行合一中增强学生的历史使命感、社会责任感，培养家国情怀，担当时代重任等。

2. 开发节日课程，增强德育的历史使命

学校在每年三月开展学习雷锋精神主题教育活动、五月开展感恩教育、十一月开展"文明礼仪伴我行"等主题教育活动等。清明节，学校充分利用德育基地，开展"学习英烈事迹，传承革命精神"学习实践活动，前往祭扫烈士陵墓、为烈士献花等实践教育活动；五四青年节，学校组织团员重温誓词，举行纪念"五四"系列等活动；学雷锋活动日，加强学习模范先进人物；教师节、中秋节开展歌唱比赛、演讲比赛；国庆节、元旦等节日，开展"革命歌曲大家唱"活动、爱国征文、书法绘画比赛活动，加强学生爱国主义教育。

3. 开展"传承红色基因，勇担时代使命"学"四史"思政教育实践活动

学校通过开展板报、文化墙、宣传展牌、手抄报展示、书画作品展等营造思政教育学习氛围。开展学"四史"活动、"十九届五中全会精神宣讲"活动、红色电影进校园活动等，组织师生观看《我和我的祖国》《路》爱国主题教育影片，并举办了"我和我的祖国"微电影征集活动；开展《金光西柏坡》《山河无恙在我胸》等红色歌曲进校园艺术节展示活动，组织学"四史"主题讲座，组织开展"我是新时代爱国者""听党话，跟党走，做新时代少年""读史明智，鉴往知来"演讲比赛，开展"离骚，上下求索"等国学经典诵读活动，参加"四史"学习教育知识竞赛线上答题活动，开展"以史为鉴，不负韶华""青春心向党，我心颂"为主题的国旗下讲话，引导学生知史明史、勇担使命，提升学生思想政治素养。

（三）强化行为习惯养成教育，夯实学生思想道德基础

开展行为规范教育。制定"学生'八不'""学生一日常规"等基本规范制度，培养学生良好的行为习惯。如，不吃零食、不攀比、不私自出校门等。又如，按时起床，在规定时间内完成洗漱、整理内务以及清理宿舍卫生；午休按时休息，不看书，不闲谈，不提前起床，不影响他人等。

中学生"八不"约定：

不吃零食

不乱花零钱（每周带钱不超 20 元）

不攀比

不带贵重物品（手机）

不带娱乐用品（随身听、MP3、MP4 等）

不戴饰品（不论什么饰品）

不留长发（女生、男生）

不私自出校门

各班制定适合本班的班规，引导学生切实落实各项班规。制定《星级班考评》机制，引导学生养成孝敬父母长辈、遵守秩序、热爱劳动等一些好习惯。

雍阳中学还开展了"十无校园"行动，建立学校学习行为底线。

十无校园：

一、墙上无脚印、鞋印；

二、地面无痰迹、垃圾；

三、教室整洁无脏物；

四、公共设施无损坏；

五、遵规守法无犯罪；

六、谈吐文明无脏话；

七、穿着大方无怪装；

八、团结友爱无打骂；

九、完成作业无抄袭；

十、考风端正无作弊。

与此同时，学校还开展消防安全教育和交通安全教育。组织学生观看交通安全知识录像片，教师分楼层抓好学生的上下楼梯的安全。定期举行消防演练，防震演练，增强了学生的安全意识；举行学生干部换届竞选，推行中学生自主管理，汇编学生书册，规范学生日常行为。

（四）培养公益精神，动员青少年积极参与志愿服务活动

雍阳中学组建了一支学校师生志愿者服务队，本着"奉献、友爱、互助、进步"的服务精神，组织开展敬老、护幼、助学、环保、科普、文化宣传等志愿活动，培养责任意识。志愿者每年都带着学习生活用品来到当地福利院，帮助那里的工作人员一起打扫卫生，并与小朋友互动游戏；志愿者多次深入社区，开展了垃圾分类宣传和模拟投放实践活动。志愿活动展现了新时代中小学生"好修养、高素质、讲奉献、有担当"精神风貌。

学校还组织开展"节约资源、保护环境""垃圾分类进社区""知法明宪法宣传教育""学雷锋送温暖，走进和平之君福利院"等志愿服务活动。开展"两毒并禁，春暖人心"禁毒宣传教育服务活动，青年教师志愿者网上在线答疑，学生团员参与网络交流互动，为防控、禁毒构建阻击防线。在2020年新冠肺炎疫情发生后，青年教师、共青团员利用微信、支付宝等平台向武汉市慈善总会进行捐款，用实际行动表达抗击疫情的信心和决心。"温暖在线"社区服务行动慰问青年教师志愿者慰问在校就读的十二名在武清区抗"疫"一线服务的医务人员子女，为他们送去新教材及一些生活必需品。

三、把追求卓越的学习质量作为办学的核心任务

笔者认为,一所好学校要有尚学、乐学的学习风气,如"崇尚学习,尽责进取"校风和"趣广意专、勤思乐学"学风,对学习的认识方面取得一致性认识——学生要广泛学习,专心培养兴趣爱好,勤于思考,快乐学习;学习是一种追求,一种生活方式,也是一种责任,尽心尽责地履行自己的职责。在课程实施过程中,坚持"更高标准、更严要求、更实成果",严格落实课程标准,不断深化课程和教学改革,整合教材,坚持面向全体学生,促进学生全面发展,培养特长,全面提升教学水平。

(一)优化课程设置,促进学生全面发展

以天津市雍阳中学为例:学校要认真贯彻并严格执行国家及地方有关中小学课程计划的规定,开齐课程,开足课时。同时,各学科均配备高素质的专职教师。如在教师考核、培训、奖励、评优、评职等工作中始终坚持各学科平等的政策,极大调动了非中考学科教师工作积极性。

一所学校在课程建设中,一方面要执行课程计划,但有些学科没有完全照本宣科地使用统一教材,而是对部分学科进行校本化和优化,通过融入本地区本土文化、增加艺体类课程的专项技能培养、拓展语言类学科的学习内容,努力打造特色学科,使学科特色鲜明、内容丰满,最终形成了"三空间活力课程"。第一空间是国家课程计划规定的课程,课时开齐开足;第二空间是优化后的校本课程;第三空间是包含"五类活动"的第二课堂,如,文学艺术类课程、体育健身类课程、生活向导类课程、科技类课程等。三个空间课程相得益彰,学生对学习充满兴趣、期待,彰显活力,学校成了他们快乐的家园。

每个校本课程每周安排一节课,每学期初,学生根据自己的兴趣爱好选择一门课程,学校制定切实可行的教学方案和科学合理的活动计划,聘请校内外专业人士或学生家长担任授课教师,培养学生的兴趣特长,促进学生全面、主动、健康发展。

（二）规范教学管理，提升教学整体水平

这里以天津市雍阳中学为例进行说明。

1. 完善教学常规管理制度

学校结合课程改革和实施素质教育的要求，制定、完善《学校教学管理基本规范》，对备课、上课、作业布置与批改、考试与评价、辅导、校本教研、教学反思与总结等教学基本环节提出明确要求，加强对教学过程的全程管理。

2. 有效规范教师教学行为

学校成立了教学常规检查组织机构，采取日常督导和阶段性检查的方式，加强对课堂教学常规、教案、作业批改及辅导、听评课记录、业务学习笔记、集体备课记录、试卷分析等的检查和抽查。每学期，学校还组织一次学生评教制度，将评教的内容细化为对待学生、教学态度、教学能力、教学常规、教学手段、课堂效率、作业批改、自习辅导、复习练习九个方面，由学生对各学科教师做出评价。学校抽查检查结果及学生评价结果收入教师教学档案并纳入绩效考核。

3. 深入开展校本研修活动

全面落实每周一次的"备课组长具体组织，年级主任、教研组长日常督查，教务处考核反馈"的集体备课制度。强化日常听课评课，不同层次的人员在严格落实听课任务的基础上，要科学、规范、翔实地记录听课情况，评价教、学的得与失，并提出意见和建议。每两周开展一次的学科组大教研活动，通过集中学习、专题研讨、反馈听评课情况的多种形式，提升学科教学水平。

（三）培养学生养成良好的学习习惯

习惯是一种看不见的力量，是在不知不觉中养成的。在培养孩子文明礼仪、行为规范的基础上，还把培养良好的学习习惯作为提高课堂教学效益的抓手。各种学习习惯的培养从一入学就常抓不懈，主要包括培养学生认真听讲、积极参与、积极发言、作业书写整齐、认真预习和复习的习惯。这里以天津市武清区杨村第八小学为例说明：

在语文教学中，为了丰富学生的想象能力，陶冶学生的性情，在课堂教学中，着重培养学生创编儿童诗的习惯。语文教师每周为学生上一节儿童诗创作课，课后将学生的优秀作品在班中进行展评，每周每班上传两篇优质儿童诗到学校儿童诗博客中。为了促进这个习惯的养成，学校每月定期进行儿童诗创作大赛，评选出一二三等奖，以激励学生的创作热情。

在英语教学方面，引进了一个"一起作业"的平台，正在摸索进程中，感觉激发兴趣、提高学习效益方面很好。同时，着力培养学生积累词汇的习惯。鼓励学生每天养成记一个自己喜欢的新单词的习惯，在"二分钟"之后进行交流展示。学校定期举行新词汇大赛，以促进这个习惯的养成。

在数学方面，注重培养学生的计算能力，每班学生手中都有计算题卡，除了在班级中进行计算比赛外，学校还定期举行口算题大赛，以激励和促进学生数学口算习惯的养成。

不同学段还应重点培养学生阅读的习惯，早读和每节课"二分钟"时间，一年级诵读《弟子规》，二年级和三年级诵读古诗，四年级至六年级诵读古词。

（四）落实"减负增效"，为学生个性发展腾留时空

1. 严格控制课下作业总量

如天津市武清区杨村第八小学，小学一二年级不留书面家庭作业，三四、五六年级文化课作业时间四十至六十分钟，另外，根据学校的特色发展，会有十分钟至二十分钟的阅读任务，一百次的体育跳绳项目等。如天津市雍阳中学中，初中毕业班加大课堂训练密度，严格控制学生课下作业时间；初中学业水平考试要求考核的学科中，七年级、八年级不得超过二十分钟，九年级不得超过二十五分钟；会考学科不留任何书面作业；其他学科不留作业。

2. 严格落实作业布置要求

各学科根据学生的个性差异，分层布置课外作业，杜绝机械性、重复性及

惩罚性作业,凡布置的学生作业必须做到全批全改。

3.落实减负工作有关规定

严禁占用本育、音乐、劳技、美术等课程的课时补习其他文化课;如雍阳中学七年级、八年级晚自习禁止讲课,把自习时间还给学生,培养学生自主学习的意识和能力;任何教师不得以任何名义征订教辅资料。

4.保证学生充分的休息时间

在寄宿制学校,合理安排学生的作息时间,确保学生晚 8 点 50 分之前回宿舍休息,保证九小时以上睡眠时间。天津市武清区杨村第八小学的特色家庭作者布置如下:

表 1－1　天津市武清区杨村第八小学特色家庭作业布置

年级	作业		
	文化(语数英)	阅读	体育
一年级 二年级	不留书面家庭作业	每天阅读时间十分钟 (班主任每周集中检查一次,检查时间为班会课或托管课)	跳短绳 100 次(1 组)
三年级 四年级	语数外家庭作业不超过四十分钟 (作业要分层布置,不留重复性作业)	每天阅读时间十五分钟 (班主任每周集中检查一次,检查时间为班会课或托管课)	一分钟跳绳(不少于 100 次) ＋编花跳三分钟
五年级 六年级	语数外家庭作业不超过六十分钟 (作业要分层布置,不留重复性作业)	每天阅读时间二十分钟 (班主任每周集中检查一次,检查时间为班会课或托管课)	一分钟跳绳(不少于 100 次) ＋双脚跳不限次数三分钟

四、把培养学生身心健康发展作为教育工作的基本要求

学生身心健康是育人的前提要求。在笔者的教育工作过程中,一直重视学生的身体健康和心理健康,通过整体设计,发展特色项目,推进团队竞技等,发展阳光体育,重视增强学生体质,磨炼学生的毅力,涵养学生的品性和爱运动精神,筑牢教育的强身健体的基础。同时,重视学生的心理健康教育,呵护纯真心灵,塑造学生健全人格。

(一)强化学校体育工作,强健学生体魄,增强学生爱运动精神

对标《国家学生体质健康标准(2014 年修订版)》和国家体育课程计划,开齐开足开好体育课程。深入贯彻"健康第一"思想,遵循学生的身心发展规律,激发学习动机,享受乐趣,培养体育道德,提高体育技能,全面提高学生身体素质、健康水平和运动竞技水平,健全人格,锤炼意志。

1.整体设计,阶段侧重

对学生学段内的体育训练进行统筹规划,开展系统训练。每学年的不同阶段、每天的不同节点都会有整体设计、阶段侧重。各学年依据年龄和身体发展水平制定不同阶段训练计划。充分利用冬季长跑、体育课堂、每日大课间活动、早操练习等加强对学生的运动能力训练。如雍阳中学在九年级的下学期,会针对体育中考开展专项训练。由于学校科学的设计以及严抓狠练、持之以恒的坚持,九年级学生的训练效果明显。

如杨村第八小学,本着"出出汗、开开心、长技能"原则,开发了两个球类校本课程,按照年级水平划分为水平一、水平二和水平三。在一年级、二年级每周专设两课时,三至六年级每周专设一课时作为足球专修课,教学内容主要以游戏、对抗、小型比赛为主进行教学。三年级至六年级每周专设一节篮球课。体育课调整以后,学生的运动量明显加大,体育课不出汗的学生少了,喜欢足球、篮球的学生多了,球场上学生们各个生龙活虎,他们感受到了踢足

球的快乐,打篮球的活力。魅力的特色体育课为学生的终身学习和健康生活打下了坚实的基础。

2.阳光体育,健康之基

为了落实《国家学生体质健康标准(2014 年修订版)》要求,建立学生健康档案,优化体育场地设施设备及管理,以"人人健康,快乐体育"为体育教学理念,开展阳光体育活动,确保学生每天体育锻炼一小时。通过每年一届的体育节,推广体育项目,向全社会传播"我运动我健康"的生活方式。

如杨村第八小学为各年级学生量身定制体育作业,让学生养成坚持锻炼的习惯:一年级和二年级(1 组)跳短绳 100 次,三年级和四年级 1 分钟跳绳(不少于 100 次)＋编花跳 3 分钟,1 分钟跳绳(不少于 100 次)再加双脚跳不限次数 3 分钟。体育作业按月份和季节布置,比如冬季布置踢毽子和往返跑,不同年级规定踢不同的个数,不同年级往返跑的次数不同等。

又如雍阳中学坚持每天半小时早操。全校学生在操场集合、跑步,开展素质训练。素质训练从学生实际出发,针对不同年级学生特点,科学选择锻炼内容,确定锻炼方法。开展丰富多彩的大课间活动,并结合各年级学生实际情况,不断推陈出新,开展多种形式的强身健体活动,如:"蜗牛与黄鹂鸟""十六步"、团体操、健身气功《八段锦》等,让学生真正感受到"运动之乐、健康之美"。学校还每月组织一次大型体育活动。比如春季长跑比赛、篮球联赛、足球联赛、拔河比赛、队列广播操比赛、趣味游戏躲避球比赛及每年的秋季运动会等,进一步丰富学生课余生活,提升学生体能素质,提高学生团结协作意识,增强集体荣誉感。

3.特色项目,展现青春

倡导"体验足球,快乐成长"的足球运动理念,聘请专业足球教练来校指导,开展校园足球联赛,不仅包括班级比赛,也包括足球知识竞赛、设计班级足球口号、足球徽章设计、家长足球赛等活动。通过"足球"这一载体达到"以球育德、以球健体、以球启智"的目标,按低中高年级分为水平一、水平二、水平三,一二年级每周两节课,三至六年级每周一节课。同学们体验运动激情,分享足球快乐,感悟足球文化。

学校也积极开展形式多样的篮球训练和联赛。如杨村第八小学在三年级至六年级中开设篮球课,课上教师训练学生基础技术,组织多样篮球游戏,使学生能够喜欢篮球,掌握基本的篮球技能,利用托管课和素质拓展时间组织班级联赛,进一步提高了技术,培养了兴趣。

跳绳这项传统体育项目具有"花样繁多,简单易学,随时可做"的特点。花样跳绳并不是传统意义上的一人一绳并脚跳,而是一种与体操、舞蹈、武术、街舞等多种项目相结合的一种新型的跳绳形式,它有助于力量、速度、灵敏、柔韧、耐力的提高,通过学习和训练培养学生吃苦耐劳和团结互助的精神。大课间活动中,主推跳绳项目,通过教学自编绳操、花样跳绳及跳长绳训练等方式,编排出了一整套花样跳绳套路动作,其中包括集体跳、单人跳、车轮跳和交互绳跳,学生对跳绳更钟爱,身体素质显著提高。

在啦啦操项目中,坚持走普及与提高相结合的路线,自创推出啦啦操大课间,让更多的学生体验啦啦操运动的阳光活力与多姿多彩;开设啦啦操实验课程,成立E－Star啦啦操社团,聘请啦啦操高水平教练员指导训练。在外出展演和比赛中,学生也增长了见识,磨炼了意志,提升了品格。

4. 磨炼毅力,积蓄体能

早操是促进学生体质健康发展所采取的一项重要举措,是提升学生体质健康水平和中考体育成绩的有效招法之一。早操安排30分钟的长跑训练,每天的侧重点有所不同:周一、周三、周五侧重素质练习。通过慢跑后的蹲起、纵跳、开合跳、蹲跳、高抬腿、小步跑、蛙跳、加速跑等训练,磨炼学生的毅力,强健学生的体能。周二、周四侧重耐力训练。通过耐久跑、变速跑等方式,让学生在训练中体会呼吸的节奏变化、体力的合理安排,在疲劳中感受终点冲刺的爆发力、磨砺顽强的拼搏精神。

5.团队竞技,涵养品性

没有团队竞技对抗就不会培养出团队精神。共同面对失败,携手拼搏去赢,这就是最好的教育。关注学生的个性差异和兴趣爱好,结合实际情况,组建了健美操、篮球、足球、排球、乒乓球、田径等多个体育运动队。平时利用早操时间进行专业集中训练,科学、合理的安排训练内容。在训练中加强对学生专项技能的强化和巩固,加强对学生团结协作精神的培养。每月定期开展的校园体育竞赛活动,营造了全员体育的氛围,是学生最乐于参与、最享受其中的运动。春季长跑比赛、篮球联赛、足球联赛、拔河比赛、队列广播操比赛、趣味游戏躲避球比赛及每年的体育节等,进一步丰富学生校园生活,提升学生体能素质,提高学生团结协作意识,培养团队精神。

6.敬畏规则,完善人格

体育最讲规则,它教会学生在规则下协作互助、竞争对抗,懂得尊重队友,也尊重对手。教学生如何在规则下通过拼搏去赢,同样在规则下体面的、有尊严地去输。体育也讲究拼搏精神,"爱拼才会赢"。在比赛中,队员迸发的比拼体验和输赢感受,是任何活动也代替不了的。可能更多的时候,比赛的结果并不重要,享受比赛的过程更有意义和价值。对于更多的参与者来说,比赛意义绝不在于参赛和争金夺银,重要的是普及和推广体育运动,让更多的学生参与进来,喜欢上体育课,形成坚持锻炼的良好习惯,这才是体育竞赛的要领。

(二)重视心理健康教育,塑造健全人格

"阳光心育"是笔者在办学过程中长期坚持的一项面向全体师生的心理健康辅导工程,主要包括完善心理健康教育设施设备、心理健康教育正式化规范化、心理健康教育手段信息化、心理健康教育形式多样化以及营造学生健康成长氛围。

1. 完善心理健康教育设施

如杨村第八小学依据《天津市中小学校心理健康教育示范中心建设标准》对学校心理咨询中心进行了改扩建,进一步完善了硬件建设。心理咨询中心设置了个体心理咨询室、团体辅导室、沙盘活动室,购置了学生心理测评管理软件系统、心理团辅游戏器材等,升级改造成设施齐全、功能完善、环境温馨的心灵家园,为师生的心理健康成长提供了更舒适、更优质的物质保障。

2. 心理健康教育规范化

杨村第八小学还成立心理健康指导中心,配备了心理学专业的专职心理教师,编写学校《心理危机干预手册》,开展课题研究和培训,不断提升心理健康教师的专业水平。学校通过团体辅导、专家讲座等形式对学生进行积极心理引导;组织每月一次的群体活动和周四下午的兴趣小组活动,塑造学生积极乐观的阳光心态;尝试利用"早期记忆法""词语联想法""五项图""画苹果树"等对学生进行有针对性的引领;关注差异,重点关注学业困难、家庭经济困难、单亲家庭、特质(心理和身体)等心理健康水平低的四类学生,这样的学生普遍存在忧郁、自卑等特点,需要学校积极开展心理安抚和积极心理助力谈话工作,给予特殊关注,适时疏导。

学校四年某班有一名学生,去年转入学校,打架、骂人,成绩居后,是人们常说的"学困生"。班主任首先对其进行深入了解,原来,他的爸爸、妈妈感情不和,经常打架,正在闹离婚,对他的学习不管不问,该生感受不到家庭温暖,缺乏正确的引导,放他对学习逐渐失去了兴趣,也养成了各种不良习惯。班主任和心理咨询教师经常找他谈心谈话,为他耐心地做疏导工作,帮他解除心理障碍。大家上学放学一起走,班级有事也常让他去做,心与心接近了,师生感情也渐渐融洽了。同时,咨询老师与该生家长取得了联系,并提出了建议:一是不要在孩子面前吵架,二是要多关心孩子,给孩子家庭的温暖。通过多方面努力,该生有了很大改变,人际关系逐渐恢复了正常,开始对学习产生了兴趣,学习成绩也直线上升。

3.心理健康教育手段信息化

心理咨询中心运用心理测评管理软件采集学生一手信息,建立学生心理教育档案,科学测量评估,筛查问题学生,并及时干预或转介,保障了全体学生心理的健康发展。学生心理健康档案从纵向看,反映出每个学生心理成长的轨迹,便于学校和教师监察学生的心理发展变化;从横向看,反馈了学生存在的共性心理品质问题,促进教师更新教育观念,改进教育方法,创设良好的心理教育环境。

4.心理健康教育形式多样化

学校开展科学有效的心理健康课、心理咨询和辅导。如杨村第八小学的心理咨询室全天对学生、家长开放,两位心理教师以"小孙姨热线""小孙姨信箱"及面对面的形式接待咨询。开辟"心理危机绿色通道",探索出"危机及时干预,障碍及时梳理"的工作模式,建立心理危机四级预警机制,建立心理危机学生档案。学校定期组织"525"心理健康周、心理健康月系列活动,开展多元化多渠道的教育活动,开展趣味心理运动会,组织学生观看心理电影,开展学生心理健康讲座,成立"悦·心理剧团""悦·心理诗社",组织开展低年级的优点大轰炸、中高年级的心理自画像、"护蛋行动"、心理沙盘游戏等活动。此外,学校还针对学生的自我认知、自我意识、人际交往、情绪情感、学习心理、意志品质、青春期特点、潜能开发八个维度全面而递进式地开展活动。

5.营造学生健康成长氛围

学校在平时的教育教学工作中,要创设宽松、和谐、民主的育人氛围,让学生在健康的环境中得到全面发展。如杨村第八小学开展的"真心话对我说""友谊需要理解"等每月一次的心理健康教育主题班会增进了学生之间相互接纳、相互信任,建立平等友爱的同学关系。班主任建立"爱心助学档案",对暂时有困难、有缺点的学生,用平等真诚的态度给予帮助,以增强其信心,激发其求知欲,使其勇敢面对困难和挫折,产生归属感。教师创设轻松愉快的课堂环境,让学生充分展示,积极参与课堂活动,激发学生学习的良性动机,减轻学习上的心理压力,培养良好的学习心态。各年级开展的"心理健康辩论赛""压力释放我做主""刚好遇见你""感恩有您"等师生交流互动的活动,缩短了师生间的"心距",让学生的人格得到尊重、情感得到理解、行为得到鼓励、努力得到肯定。

五、把提升学生欣赏美、创造美的能力作为教育的最高追求

教育需要"不实用主义"。为了打破应付考试训练正在向低龄化阶段发展趋势,抵制"不能输在起跑线上"的比拼心理,学校应发挥该有的育人功能,挖掘学生的潜能,让每个学生从内心激发出无穷的动力去努力实现自己的理想。美育教育是塑造学生心灵,关注学生内心和谐的教育。美育的核心功能是让学生能够内心的各种情感,各种的思想观念,用一种能够被社会接受的方式去表达,去传递,这就是美育的功能。

(一)大力开展美术教育活动,提高学生表达美、创造美的能力

1. 美术教育是实施美育的重要途径

通过打造健康美育课堂,构建美术学科的"开放—审美"的六段式教学模式:即"创境激趣—开放审美—体验理解—讨论探究—激励创造—拓展延伸",取得了良好的教学效果。此模式面向全体学生,以开放的资源为素材,以训练技能技法为基础,以培养创造思维为核心,以提高审美素养为目标,使学生在开放的学习活动中欣赏美、体验美、探究美、创造美,将教学活动变成师生共同参与、共同体验、共同发展的过程。实现了美术教育以美启智、以美立德、以美健体、以美促劳的综合育人功能。

2.将地方文化融入美术教学之中

美术学科依托武清的母亲河——北运河,用说运河、看运河、画运河的方式,辅以美术的色彩、线条、画面,赋予美术课新的内涵。广大师生拿起照相机和画笔搜集运河文化和民俗知识,搜集家乡名胜古迹,临摹名家碑帖,将运河文化融入美术的创作之中。学生学会了用画笔展现家乡美,诉说家乡情,作品中内容丰富,题材广泛。

如杨村第八小学组建了"缤纷童年儿童书画"社团,成立了版画、盘画、布艺、彩铅画、纸立体、国画、书法、儿童画小组。学校还编写了美术校本教材《说运河 看运河 画运河》和《成长的足迹——美术教育教学成果画集》。学生绘画作品风格充满童真、构图大胆、想象丰富、色彩鲜艳、童趣浓郁。其中,儿童黑白版画和纸上仿蜡染画在区域内独树一帜。

老师们在带领学生学习美术知识,掌握美术技能技法、涵养审美素养的同时,通过开展各种创意美术活动,潜移默化地引领学生形成习惯美、秩序美,品德美、互助美、合作美、爱国美等良好品格,让学生在美术课堂和丰富多彩的美术活动中得到美的熏陶,体验成功快乐。

(二)大力开展音乐教育活动,提高学生展现美、歌唱美的能力

音乐教育是人文学科的一个重要领域,是实施美育的主要途径之一。通过音乐教育可以净化心灵、陶冶情操、启迪智慧、情智互补,有助于养成共同参与的群体意识和相互尊重的合作精神,有助于培养学生的爱国主义情怀,增进对不同文化的理解、尊重和热爱。

课堂乐器教学具有较大的可整合和可开发的空间,立足于新课程实验,纵观新课程音乐教材,虽然安排了一定的乐器教学内容,但是为了实现学生学习乐器演奏多样性的教学目标,乐器的学习与应用方面依然需要拓展延伸。这就需要我们将乐器教学与教材学习进行有效整合,用以提高学生对音乐的理解、表现和创造能力。

在笔者的办学过程中，秉承"培养学生音乐素养，追求高效音乐课堂，让学生快乐学习"的理念，在教学中不断实践创新。如杨村第八小学建校第二年，学校正式把口风琴这种将吹奏和弹奏相结合的键盘乐器引入课堂，学生从一年级开始学习口风琴演奏，六年下来，每个学生都能熟练演奏比较简单的曲目。为此，学校成立了一百八十人的口风琴演奏队，并多次参加区校园艺术节比赛，更是校运会开幕式、学校各类展演的重头戏。将口风琴进课堂作为体验式教学模式的一种手段，推出"创设情境—感受情境—体验情境"的教学模式。不断的探索实践，学校取得了一些经验，并多次为全区的音乐教师做器乐教学展示课、研究课。在此基础上，学校还成立了管乐社团，聘请校外专业教师指导训练。合唱训练一直坚持梯队式的训练模式，校合唱团由各年级合唱队择优选拔，长期坚持专业训练。音乐学科校本课程的研发，充实、丰富了音乐课堂教学内容，提升了音乐课魅力，有效地提高了学生的整体音乐素养。

（三）搭建艺术展示平台，为学生创造美提供表现机会

每年一度的校园艺术节是展示学生艺术特长和学校艺术教育成果的绚丽舞台，共包括开幕式、文艺展演、艺术作品展等三部分。每届艺术节都历时两个月准备，全部展品均出自学生的双手，文艺展演中的精彩节目也都是学生自主编排，各展区的解说词都是学生独立撰写。学生们的合作意识、创新精神、智慧与才华在活动中充分展示出来。校园科技艺术节的举办，有效激发学生的艺术兴趣，强化审美教育，营造浓厚的文化氛围，丰富校园文化生活，提高学生的综合素质。

如雍阳中学在学生七年级入学时，由音乐教师集中组织排练，每逢大课间或重大活动，各年级都要展示自己年级特色的集体舞蹈。在展示过程中，既培养了学生动作的协调性和韵律感，又使学生养成开朗、乐观的性格。

丰富大课间文体活动，在全校范围内广泛开展校园集体舞活动。艺术教师根据各年级特点为学生选编一套集体舞或者健身操。学校每年定期举办

征集自学生优秀作品书法展、游戏笔墨写意画展、泥塑人物肖像展、校园安全漫画展示、我爱我校标志设计展等活动。通过"温馨我家室内设计""工艺笔筒设计制作展示""班标设计"等活动增强学生审美情趣，培养学生集体主义观念和热爱劳动、热爱生活的品质。

（四）开设"艺术与审美"第二课堂，促进学生个性化特色发展

"第二课堂"是对"教室课堂"的拓展和补充。根据"三空间活力课堂"的构想，在校园中设计了五类活动作为辅助活动课，实施全面育人的校园第二课堂，作为发展学科特色、学校特色的重要载体，同时也弥补课堂教学在实践性、活动性、综合性等方面的不足。五类活动包括：体育与竞技、语言与阅读、数学与科学、艺术与审美、劳动与技术五大类。这五大类活动与课程计划中的各级课程门类一致，在学生课表之外的时间参加活动，每周二至周五每天下午分组活动。学生全员参与，根据兴趣自愿选组，学生可以自由选课，实行走班制。每人参加一项自己喜欢的活动，时长则根据活动的内容四十分钟至一小时不等。师资来源于一部分外聘教练和本校教师，每学期都将开设五大类六十多个组的活动项目。

艺术与审美活动课是以音乐、美术领域为基础的拓展和延伸，设立了民族舞、拉丁舞、大合唱、小合唱、管乐组、京韵大鼓、版画、瓶子彩绘、盘画、软笔书法、纸立体造型、葫芦彩绘等活动课。孩子们乐学好学，激发了学习潜能，能力得到了发展。

促进学生个性发展的第二课堂，既遵循儿童在基础教育阶段的普遍认知特点，又辅以艺术、生活、竞技类的活动，是学校送给学生在个性发展、特长训练，促进学生综合素质提高等方面的一份自助餐。每年学校都组织第二课堂的成果展示活动，孩子们自编、自导、自演的节目和学生亲手制作的作品都是学校课程建设的成果体现。

简而言之，教育的最大有用之处或许就是它的无用。从不把考试训练成绩升学作为唯一的教育目标，而是要让孩子在学校生活中感受到快乐、温暖、

丰富和难忘，让他们认识记住这一段岁月是他们的最精彩时光。这里，特别是小学六年中，应该进行启迪性的美育，进行必要的音乐和美术教育，积淀和涵养出孩子们懂艺术、会审美、崇尚美、创造美的底蕴和素养。

第二节 立足"人"的教育

教育是人对人的活动，人是教育活动的主角。一所立足于人的温雅的学校，对学生而言，学校有喜欢的老师，有可爱的同伴，在学生的心中有特殊的位置，学校培养了学生受益一生的本领，为今后的发展奠定了扎实的基础。只有在人学的视角中考察思考学校教育活动，才能够获得对教育本质的深刻理解，只有把教学互动、师生关系放在人文主义框架中，才能够办出有温度又温雅的学校。

一、在学校组织视角中重新认识学生成长

在学校教育活动中，师生是一种基于个体性的关系性存在，学生是在一种"共生""共在"的关系中发展成长，成为一个人，一个社会人。

（一）师生是整体性关系性的存在

因为学校，师生交往的空间被限定在这种规制化的组织中，学校教育的目的规定了师生双方彼此的权利和义务，这就决定了学校中的人与人之间是关系性、整体性的存在，人与人之间是相互依存的、彼此依赖的。如果脱离了彼此，学校教育活动就不复存在。借助海德格尔论证"此在"（人的存在）就是"在世界中存在"的概念，师生的关系性存在是"在学校中存在"，每个人不属于他自己，是学校的社群共同体的一部分。师生与学校组织"共生""共在"。

（二）师生又是个体性关系性存在

学校中每位教师、学生又是个体性存在，个体的意志和行为又是独特的，

独一无二的。在原子式的哲学视野中,人与人之间是彼此分离的、独立的,甚至对立的,人与人之间不存在任何内在的必然性联系,只能是借助外在的强制性的契约而联结在一起。在这种哲学视野中,自我是世界的中心,自己的经验是独一无二的,甚至是至高无上的,我的主观意见就是看待世界的价值尺度。马克思说,人本身是人的最高本质。又认为,人总是使自己成为衡量一切生活关系的尺度,人是衡量一切价值之价值,人是至高的价值。学校活动必须重视和尊重每个个体的需求和独特价值。

(三)基于学校生活的成人性认识学生成长

学校生活还存在一个目的性很强的指向,就是教育者要通过学校中各种教学活动和环境影响等,使受教育者的人性得以自觉,使得人成为人,发掘人性的光辉,展现人的意志品质、道德境界和对真善美的追求,使人在自然本能之上寻求一种更有意义和价值的生活方式,即心理学家马斯洛需求层次说中的"自我实现"需求,这是人之所以为人的本质特征。正是这种追求,是人脱离了动物性的基本轨道,扬弃了生物本能冲动,超越了自然的有限性,达到生命道德的无限。正是这种需要促使人在生活中、实践中不断完善、提升自己,使得自己活得更像一个人。就像德国哲学家赫舍尔所说:"人的存在从来就不是纯粹的存在,它总是牵涉到意义,意义的向度是做人所固有的。"[①]从教育角度分析,教育目的从来就不是纯粹知识的学习,而是培养学生生存的力量,重视他们之间的个性差异,努力消除近代化以来的"机械化和非人格的现象"[②]。20世纪末,联合国教科文组织国际教育发展委员会在其研究报告《学会生存——教育世界的今天和明天》中提到,教育应该被视为"一种人类的进程",在该进程中,"人通过各种经验学会如何表现他自己,如何和别人交流,

---

① [美]威廉·赫舍尔.人是谁[M].隗仁莲译.贵阳:贵州人民出版社,1988:46.
② [美]罗伯特·梅逊.当代西方教育理论[M].陆有铨译.北京:文化教育出版社,1984:355.

如何探索世界,而且学会如何继续不断地——自始至终地——完善自己"①。学校应当"把一个人在体力、智力、情绪、伦理各方面的因素综合起来,使他成为一个完善的人"②。

二、将学校建设成激扬人性光辉的教育园地

人学视野中学校教育要有人的主体地位,要有学校成人、全人、成才的强烈色彩。把校园建设成为"美丽校园""快乐课堂""幸福学园""安全校园""法制校园",培养高素质的学生,追求高效益的课堂,让每一名学生快乐地学习、健康地成长,让学校充满了快乐、温暖、阳光,让学校成为学生爱来、留念的地方,就是教育的成功。

(一)遵循教育规律,注重学生全面发展

在杨村第八小学的办学过程中,学校遵循教育规律,不断实践和丰富办学理念,实施素质教育,注重全面发展,在社会赢得良好口碑。学校规定动作高质量,自选动作展特长。在开齐开足国家课程的基础上,开设了丰富多彩的校本课程和学生社团,出色地推出一系列校本活动。比如:低年级"弟子规""儿童诗",中年级"文明礼仪伴我行""安全知识伴我成长""说运河 看运河 画运河""古诗词诵读""足球课程""口风琴进课堂""花样跳绳"课程。外聘专业教师开展围棋、茶艺、京东大鼓、器乐演奏、十字绣、书法、布艺等孩子们喜欢的社团活动。学校建立了"三合一"作业模式:学科知识、每日跳绳、每日课外阅读让学生的在校的每一天既健脑又健体。学生在轻负担、高效益的学习中发展兴趣,享受到润泽心灵的有营养的教育。学生们喜欢上学来,舍不得放学走。六年的小学生活,是充实的、快乐的,也是健康的。正是这些点点滴

---

① 联合国教科文组织国际教育发展委员会.学会生存——教育世界的今天和明天[M].华东师范大学比较教育研究所译.北京:教育科学出版社,1996:180.

② 联合国教科文组织国际教育发展委员会.学会生存——教育世界的今天和明天[M].华东师范大学比较教育研究所译.北京:教育科学出版社,1996:193.

滴,才汇聚成"团结、进取、敬业"的八小精神,才让我们的学校有了温度、有了色彩、有了感动。"温暖"已经成为杨村第八小学的标志性文化特征!学校以教师为本,教师以学生为本,学生以发展为本,学校被全体师生营造成温暖生命的文化场,教师幸福地工作,学生健康地成长。学校形成一个凝聚人、鼓舞人、支持人的积极向上的强大的能量场!我们用实实在在的教育,诠释了学校一贯坚守的尊重人、发展人的教育理念。

（二）大力建设校园环境,营造温馨校园

大力进行校园文化环境建设,努力打造属于师生自己的温馨校园。合理布置学校文化环境,利用宣传栏、宣传条幅、活动宣传牌等,展现学校的办学理念、校风、校训、学校及教师的师德承诺、学生主题教育活动、师生表彰等内容,向社会及师生展示学校的风采。布置班级环境,将班级简介张贴在各班教室门口,便于家长、师生查看,室内布置学校进行统一规划,教室黑板正上方、两侧、教室后墙等处统一设置各具特色的班训、课改口号、班级宣传栏等内容。布置宿舍环境布置,开展每学期一次"幸福家舍"的评比活动,学校负责整体规划,整体上有宿舍管理制度、评比栏、曝光栏等内容,各宿舍内部都有自己的"幸福家规""幸福家语""幸福家目标"栏,上面有每位学生的理想和奋斗目标,既体现人文关怀,又彰显时代特色。进行办公室、功能室文化建设。根据各室工作职能,确立相应的室内标语并张贴相关的规章制度,将学校的管理制度、师德承诺、温馨提示、名人名言等张贴在相应位置,既提示师生工作学习,又体现温馨理念。设立本办公室内"好事有三,幸福打卡","贤读拾光"分享群,由专人负责。建设学校文化长廊,展现特色。设有"我幸福金句展""我奉献,我最美"暖心摄影展,"读书人有话说"青年思想荟萃、"光耀·幸福"师生情谊摄影展;"书香有情"师生书画作品展、手工制作、报刊宣传、课改前沿、班队活动、"校长赠言"等板块,体现"在阳光下健康成长"的主导思想,精心打造属于自己的"温馨"的"家园"。

（三）充分利用各种条件,丰富校园精神生活

开展校园精神文化建设,精心营造环境育人的校园氛围,培养高尚的情操,展示人性的美好。充分利用各种有利契机,对学生进行爱国主义教育和综合练习。坚持每周的国旗下讲话制度,认真做好节庆活动;实施特色大课间活动,集安全演练、文明礼仪、体质锻炼于一体,努力构建"韵律校园""平安校园""和谐校园"。利用班队会,经常对学生进行日常行为习惯的养成教育和校情教育。坚持开好"两会"(晨会和班会),精心组织主题班队会。每年举办一次主题班会评选活动。积极开辟第二课堂,"以积极的文化为引领",成立各种兴趣社团和活动小组。定期举办"两节一会"(艺术节、科技节和运动会),不断丰富校园文化生活,加深学生之间的交流和体验,陶冶师生道德情操。积极开展读书活动,成立"幸福拾光读书会"。从家长、学生、教师三个层面,约定一个月的读书任务。努力营造"书香校园"氛围。每班成立"拾光读书小组",学校设有阅览室,走廊陈列开放式书架,鼓励师生"书中寻'蜜','甜'在心里",让每个学生都能做"幸福的读书人"。

三、增强师生在学校生活的主人翁感

教师与学生是的主人,正因为有了他们的创造性活动,学校才变得有特色有活力。通过多种活动,发挥师生的主动性,让学生成为学校的主角,展现风采和成长足迹,让学校成为学生的幸福家园。

（一）尊重学生参与意愿,重视学生聪明才智

让学生参与学校文化建设,出谋划策,让学生的智慧成果成为学校的一部分,或者通过特定主题性活动,集中展示学生的成长,增强学生的归属感和自豪感。各班主任负责个性化、人文性自主设计班级宣传栏内容,要求班级文化建设有切合实际的《班级幸福公约》《班级幸福实施方案》,凸显主题,个性鲜明,要激发学生运用自己优势,积极展现风采,让每一个学生都感受到自

己的在班级的归属感、认同感和价值感。学校标志性标示设计充分发挥群众智慧,采用教师、学生优秀作品。武清区杨村第八小学的校歌《飞扬的童年》歌词,就是采用了该校教师王淑英的作品。在天津市雍阳中学(以下简称"雍阳中学")校徽征集活动中,2010届学生李世双的设计脱颖而出,学校采用了他的作品,并一直沿用至今。

2018年,歌曲《卓尔不凡》在百余首征集作品中被选中,成为天津市雍阳中学校歌。参照"感动中国人物"颁奖典礼形式,认真做好每年度的敬业标兵、教坛明星、班务模范、五好媳妇(丈夫)、敬老楷模等评选工作,实行奖励等办法,从多方面激励教师积极进取,努力打造"求真、务实、开拓、创新"的校园团队精神,努力营造"小家大家,都是一家"的归属感,为教师的心理健康成长提供支持。每学年9月份,举办一次"星光大道"表彰大会。认真做好学生校园明星评选宣传工作。评选内容有:学习明星、管理明星、道德明星、进步明星、礼仪明星、才艺明星、劳动明星等,用"我是明星,我能行!"板块进行专项宣传,精心打造学校的"星光大道"。

(二)创设学校育人条件,促进学生的学校生活参与

大力开发和建设学校资源,充分利用多种途径和机会影响学生成长。培养小小解说员。充分利用丰富的学校文化资源,在杨村第八小学的三年级至五年级,每个年级都重点培养两对解说员,在接待来客讲解学校文化时,学生的讲解更能吸引人、感动人,同时也能让学生了解和理解学校文化的内涵,增强学生归属感、自豪感。设立"幸福"拾"光"影展长廊,设立"幸福时光"好人好事小广播,以中国传统佳节文化为主题,设立"幸福节"传统文化主题日,举办"做幸福"雍阳"人"师生分享活动,专人专项负责更新维护,增加师生温暖的归属感和高能量的价值感。创办"幸福小报"校刊编辑部,每年六期,展现全校师生精神风貌,搭建师生情感交融的平台。精选一批优质播音员,创建"温暖时光"广播站,及时播放校园新闻和优秀稿件,不断优化校园音响系统,上下课电铃设为动听的音乐铃声,课前进行温馨提示,课余时间要播放轻松

欢快的音乐或歌曲,让师生在其中得到美的享受。

四、营造让师生内心感受温雅的校园生活

温暖的人文关怀和温馨的办公环境,是建设温雅教育的主要内涵。在这样学校中,师生有成长,学校有生机。

(一)创设优雅的学校自然环境和人文环境,提高师生的学校归属感

学校自然环境的靓丽,人文环境很温馨,物质环境有保证。在建设学校的标识上体现温雅元素,如校歌、校徽、校名、校旗、标志物、吉祥物、文化印章、校树、校花、标准色、上下课音乐、早上学音乐、放学音乐、集合音乐、列队音乐、颁奖音乐。在楼门、功能区命名上体现"温暖",如温习、温和、温馨、温煦、温润。建立规范校本礼仪,建构礼仪文化,营造彬彬有礼、礼貌待人的温暖人际关系。在节日、重大活动中营造温雅文化。如升旗、入队、体育节、艺术节、读书月、新教师上岗、拜师、开学典礼、毕业典礼、新年等活动,融入温雅的情节内容。

(二)在学校管理和教学中贯穿温雅情怀,增强师生的校园生活幸福感

学校制度严格管理与真情关怀相结合,管理中有温暖,有很多感动校园的温暖故事。如学校对重病师生的救助、呼吁和捐款等爱心活动。教师有阳光般的工作热情,对学生饱含真情的关爱,恰当得体的教育方法,给学生和家长一片温暖。特色读书活动,在读书中获得精神享受的温暖。

(二)积极开展"阳光心灵关爱行动",给予特殊孩子家庭般温暖

学校在"八类特殊群体学生"的基础上,进一步摸排学生情况,对家庭贫困、孤儿、随班就读、留守儿童等进行统计汇总,对该群体学生进行生活救助、学业辅导、心理疏导,选拔确定这些学生的导师,并将救助、辅导情况纳入学校和教师的考核量化,确保学生个个受到关爱,人人感到幸福,天天都有进步。

第三节　指向"和"的教育

在中国"和"的思想源远流长，内涵丰富。儒家经典《论语·子路》提出"君子和而不同，小人同而不和"。《国语·郑语》提出"和实生物，同则不继"。这种思想深深地渗透进民间生活中。在家庭相处中讲究家和万事兴，尊崇"和睦""和顺""和谐"；在外人际交往中讲究和为贵，信守"平和""和气""和美""和平"。和的思想具备唯物辩证法的矛盾的对立统一相互依存和转化的观点，具有很强的教育管理学启发意义。提出温雅教育，部分渊源于我国优秀传统文化中"和"的思想，落实在学校教育过程中，主要体现在学科共育人、家校共育人、校园环境之和、校内人际关系之和以及师生内心的平和。

一、学科共育之"和"

在学校教育中，通过各学科教学整体性渗透育人理念，达到促进学生健康成长的目的，是学校教育的特点所在。除了传统的语文、数学、体育等学科之外，实施语文大阅读活动、开展国学经典诵读活动、开设儿童诗创作课程以及在心理教育等学科中渗透育人理念，也是笔者多年来实践学科共育人的路径。

（一）实施语文大阅读活动育人

学校开设的每门国家课程都是齐头并进、协力育人的。语文学科是课程中的基础学科，具有工具性和人文性统一的特点。语文教学兼顾传承优秀的传统文化和提高学生语文实践能力两大重任，强调语文的学习要以阅读为基础，尤其要扩大阅读量、背诵量，通过积累夯实语文知识基础，提升语文学习的基本技能。学校采取多种方式为学生创设读书环境，积极营造"随手拿书、有空看书、交流说书"的书香氛围。

（二）开展国学经典诵读活动育人

学做人、学做事是小学阶段重要的教育目标之一。国学经典恰恰能够帮助小学阶段的孩子形成基本的道德观念和行为规范。学校将国学经典纳入语文校本课程之中。在杨村第八小学，一年级的学生学习《弟子规》，目的是帮助学生建立正确的人生观、价值观，形成良好的生活习惯和学习习惯，培育敦厚善良的心性。二年级至五年级，学校将《论语》纳入语文校本，将《学而篇》《为政篇》等内容分为十个版块，每学期一个主题内容。通过诵读、领悟、思考、践行的过程，让学生懂得仁、义、礼、智、信的儒学理念，学习国学经典，对学生的成长、成才将会起到积极的作用。

学下从小学一年级就开始实施古诗词诵读计划。自编了古诗词校本教材，指导一年级至三年级的学生会背诵一百首古诗，四年级至六年级的学生年级会背诵六十首词。学校还组建了古诗词诵读社团，学习的形式发生了变化，学习不再拘泥于教室里，吸引了众多学生参加。

（三）开设儿童诗创作课程育人

语文学科在课程目标不变的情况下，增设了儿童诗创作课程。学校培养一年级和二年级的学生学写儿童诗，用儿童的视角和语言书写所见所闻，教师指导，孩子们初步建立成句成段就是诗的思想。学校创建儿童诗歌博客——春芽青青，每周上传各班的儿童诗，定期开展儿童诗诵读活动。

（四）心理教育的学科渗透共育人

在天津市雍阳中学开展的心理健康教育活动，旨在与其他学科的教学一起共同渗透，全方位地对中学生进行心理健康教育。如在语文等学科中进行心理教育，在思品课中进行心理教育的渗透等，让学生并不是孤立地接受心理健康教育，而是多方位地受到心理健康教育。课堂教学不仅是科学知识传授的过程，也是学生心理发展的过程，从教材内容看，各科内容都是很好的心理健康教育素材，如：语文、思品课可以陶冶学生的心灵，塑造高贵优雅的品质；数学、自然可以进行科学思维的训练等。在各科教学过程中渗透有关的知识，可以使学生处处都感受到真、善、美的教育，提高自身的心理素质，且作为教育的主体，教师不仅在知识上影响着学生，而且教师的人格也会在教学的师生互动过程中起潜移默化的作用。

二、家校社共育之"和"

家长是学校教育效果的重要依靠。学校主要通过让家长参与学校管理，共商教育大计，让家长参加教育活动，促进家长、教师、学生共同成长等活动。

（一）成立家长学校，开展家长培训，共筑健康成长港湾

学校分年级召开家长会，集中培训家教方法，帮助家长转变家教观念。取得家长委员会的配合和支持，开展丰富多彩的家校活动，如设计"设计家教手册"，已经完成"家长指导孩子课外阅读的8种方法""隔代人教育孩子8种情况及对策""孩子磨磨蹭蹭做事的十种情况及对策""家长如何应对孩子注意力不集中的情况及对策"等几个讲题的培训，帮助家长形成正确的家教理念和基本的家教能力。开办"家庭大讲堂"，为家长送去心理健康、亲子关系等家庭教育方面的知识，为此，学校特邀国学畅销书作家王月星老师为全体一年级家长和教师做了主题为"《论语》中的家庭教育智慧"家长培训会，意在促进家长主动、深入了解子女，与子女做有效沟通；帮助家长走进孩子内心情感世界，以真诚的爱，让子女的心灵得以接纳，精神得到依靠。

学校还建立家校联系长效机制，建立"家校联系卡"，互通信息；以班级为单位，班主任及科任教师每日短信沟通、专题致信沟通、定期电话沟通、学期当面沟通，以便当学生产生不良情绪，并对学习生活造成消极影响时，指导家长如何让消极影响降到最小。在"教育开放周"活动中，学校主动邀请学生家长和社会各界人士走进校园、走进课堂，展示广大师生的精神风貌、办学成果、新建校园文化、校务管理。让学生家长进校听课观班，感受教师和学生日常的工作和学习生活。学校广泛征求家长们对我校各项工作的意见建议，使

家庭和学校形成教育合力。

（二）开展与家长共读活动，增强家长的学校教学参与感

通过"书香飘万家，杨村第八小学'好妈妈'读书行动"，为家长赠书以及家长读书交流活动，家长阅读后将自己读后感写在图书漂流卡上，促进家长形成正确的家教理念和基本的家教能力。校长、教师、家长在校长 QQ 空间、班级博客中交流家教方法，使家庭教育和学校教育形成合力。

（三）学校与社区联动，拓展深度学习的空间

学习深入开展警民共建、社区共建以及医校共建活动，让学生接受更足实有效的社会教育，同时开放本校教育服务，争取打造更高含金量的学校信誉。依托武清社区图书室、微机室、书画室、文体活动室、敬老院等优质教育资源与平台，开展各种形式的学习实践和体验活动，弥补课堂教学的不足，拓展学习的深度，培养学生的协作能力、组织能力和实践操作能力以及适应环境的能力。发挥武清博物馆作为我校思政实践基地作用，开展研学活动，参观武清博物馆中的历史沿革馆，激发学生爱国情感。从爱自己、爱父母，到爱班级、爱学校，爱武清，在探究武清发展史中培育浓浓爱校、爱家乡、爱国意识。

三、校园环境之"和"

校园环境优美和谐是育人的物质基础。通过校园的绿化美化、校园卫生净化以及人文环境建设，营造一个整洁、卫生、绿色的校园，营造浓郁的育人环境。

（一）加强校园的美化绿化，共建绿色校园

以建设"绿色校园"为平台，鼓励开发"窗台上的小花园"，在天津市雍阳中学，三个年级 36 个行政班都拥有自己的绿植园地，以此为基础，进一步加强学校绿化美化建设，建设绿色校园。

为了更好地绿化校园，引进一些耐受性强一些的优良树木，种植在校园里，成为绿化校园的基础。草坪的维护，可以发动学生主动参与校园的美化绿化行动中来。学校的花坛、花园、绿化带，每片绿化树木，都是学生们的"领养地"，让学生们培育养护植物，在动手实践中发展身心，训练素质。给校园里的花草苗木作鉴别，制作知识标牌，写上名称及所属科目，努力创设一种良好教育氛围，为同学们提供认识苗木、观察苗木、感受自然美的环境，让绿色文化对学生进行润物无声的生命教育。

（二）开展校园卫生净化活动，共建整洁校园

以"养成教育"为契机，加大学校校园卫生的清理整顿力度，积极开展争做校园小卫士活动，引导学生"小行为，大格局"，扎实开展"垃圾不落地"和"处处无杂草"的活动，做好学校净化工作，做到各室摆放整齐、地面无任何灰尘纸屑，校园无任何卫生死角。

（三）加强人文环境建设，营造心理健康教育氛围

在一个人的成长过程中，环境因素起着重要的影响作用。因此，杨村第八小学以人为本，积极创设温馨的校园环境：学校绿化率达 40％以上；校园内安装 20 个宣传橱窗，楼内墙壁张贴警示语、格言等；将学生的绘画、书法作品张贴在楼道两侧展览，为学生才能的展示搭建了平台；各班设立图书角，使学生的课余时间更丰富；开展绿色植物进班级活动，做到了四季常青，四季有花，让学生时时处于优美的环境之中。总之，通过加强人文环境建设，营造了良好的育人氛围，使学生的身心健康得到进一步发展。

四、校内人际关系之"和"

学校就像一个"小社会"，教师有自己的需求和生存生活需求，但这里也是教书育人的地方，承担着为青少年提供正确的积极向上价值观的地方。如何恰当处理好师生之间的关系、校领导和教师之间的关系，营造一个温暖有

人情味的教育氛围,至关重要。

（一）将处理与教师的关系处于首要位置

笔者认为首先要低调做人,凡事多思量。不管是领导还是员工,但凡关系到对方的切身利益的事,比如教师排课、职称评定、评优评奖等,考虑周到一些,做事体贴一些。出现问题,多从自身找原因,及时修复间隙,工作就会顺畅多了。要多学习、多与教师交流,继续挖掘大家的智慧,为学校发展助力。领导者能与教师推心置腹交谈,及时解决教师的困难,包括工作学习各个方面,让教师感受工作的快乐和幸福。

（二）不断提高处理问题的本领

注意工作方式,注意尊重、理解每一个人的利益和感受,做好平衡。切记头脑发热,说话不分场合,不讲方式,不顾轻重,让人不舒服。本来可以私下、委婉、语重心长地,偏要刺激、激烈、让人难以接受。遇事不要轻率地表达观点、不要对下属偏激的观点随声附和或默许。凡事放一放、冷一冷、想一想、静一静。

（三）多种途径促进校内关系和谐

以活动为载体,促进学校干群关系、师生关系融洽和谐。校长担任学校心理危机干预小组长,以高度关注,积极鼓励,督导学校领导干部关心学校里的每一位教师,用微信送关爱送祝福。同时,也鼓励全校的班主任老师做到每天给学生一个问候,一个微赞美,进行"爱的练习"。学校发展充满生机活力,文明程度明显提高。这种自上而下的"无微不至",全校逐步形成各尽其能、各得其所的态势,每名教师形成浓郁的归属感,让每一个人感受到自己的价值存在和意义。

第二章　培养温文尔雅的学生

　　青少年是祖国的未来、民族的希望,青少年时期是个体身心发育的关键时期,尤其体现在学生的健全人格上。但由于受物质文化和应试教育等因素的影响,我国青少年在成长过程中普遍存在人文精神不足的问题。俗话说,人无德不立,国无德不兴,良好的思想道德是新时代公民应具备的优秀品质之一。健康的心理对于帮助青少年培养健全的人格、形成自信自强的精神品质、树立理想信念和生活目标至关重要。这一切都是中国特色社会主义新时代开展各项建设的重要基础。可以说,青少年的身心健康发展对于整个社会的和谐进步有着特殊而重要的意义,关系着中华民族的伟大复兴和中国社会的未来发展,需要全社会关心、爱护和尊重他们。就学校来说,要通过大语文阅读涵养学生心灵,通过国学经典教育让学生识"仁"明"礼",通过心理健康教育呵护学生健康成长,让学生具备健康的心态和良好的心理素质,在生活上自理,行动上自律,心态上自控,情感上自悦,成为一名温文尔雅的学生。

第一节　大语文阅读涵养学生心灵

　　语文可以"既教文又育人,全面培养学生"①,它是一门有温度、有生命、有

―――――――――――

　　①　中华人民共和国教育部师范教育司.于漪与教育教学求索[M].北京:北京师范大学出版社,2006:64.

情怀的人文学科,有利于塑造、培养学生的健全人格,与学生的终身学习和发展有着密切联系。对此,《义务教育语文课程标准(2011版)》就明确指出:"语言文字是人类社会最重要的交际工具和信息载体,是人类文化的重要组成部分。语文课程致力于培养学生的语言文字运用能力,提升学生的综合素养,为学生形成正确的世界观、人生观、价值观,形成良好个性和健全人格打下基础。语文课程是学生学习运用祖国语言文字的课程,学习资源和实践机会无处不在,无时不有。因而,应该让学生多读多写,日积月累,在大量的语文实践中体会、把握运用语文的规律。阅读是运用语言文字获取信息、认识世界、发展思维、获得审美体验的重要途径。要重视培养学生广泛的阅读兴趣,扩大阅读面,增加阅读量,提高阅读品位。提倡少做题,多读书,好读书,读好书,读整本的书。"可见,语文应该是一种实践的"大语文",大语文阅读应是涵养学生心灵的重要途径。

一、大语文阅读的基本内涵

大语文阅读源自大语文教育,也是大语文教育的重要组成部分。较为完整的"大语文教育观"最早是由张孝纯先生于1983年正式提出的,概括地说就是:"以语文课堂教学为轴心,向学生生活的各个领域开拓延展,全方位地把学生的语文学习同他们的学校生活、家庭生活和社会生活有机结合起来,把教语文同教做人有机结合起来,把发展语文能力同发展智力素质非智力素质有机结合起来,把读、写、听、说四方面的训练有机结合起来,使学生接受全面的、整体的、能动的、网络式的和强有力的培养和训练。"①其中的四个"有机结合"表征了大语文教育的四方面基本内涵。

(一)把学生的语文学习同学校生活、家庭生活和社会生活有机结合起来

教育即生活,生活即教育,语文与人们的实际生活必然是紧密相连的。

---

① 张孝纯."大语文教育"的基本特征——谈我的"大语文教育观"[J].天津教育,1993(6):34.

杜威曾经指出："在教育精神方面最需要的改革，就是从现在生活中表现教育的意义，而不要把教育仅仅看作是将来生活的准备；而且，只有这样，教育才能真正作为将来生活的准备。"①陶行知也曾经指出："生活教育是给生活教育，用生活来教育，为生活向前向上的需要而教育。从生活与教育的关系上说：是生活决定教育。从效力上说：教育要通过生活才能发出力量而成为真正的教育。"②所以，教育不能与社会相脱离，而必须与儿童的生活经验联系起来，使教育具有生活的特性。相应的，知识只有在社会实践中、在特定语境下才能生成其应有的意义，才能被学生充分地认识到。

（二）把教语文同教做人有机结合起来

"大语文教育"强调的是整体教育的原则，要求德、智、体、美、劳的五育融合。一方面，学语文与学做人是一致的，语文教育绝不只是停留在工具层面，不能培养"能文而无行"的人，而是更关注价值层面，推动学生的知行合一；另一方面，正所谓文由心生，一个人有什么样的思想品德，有什么所思所想，都会深刻影响着他的读、写、听、说，这也就决定着"大语文教育"必须结合学生的思想和学习情况展开。

（三）把发展语文能力同发展智力素质、非智力素质有机结合起来

发展学生的语文能力是语文教学的本职任务。而语文能力又与智力素质（注意力、观察力、记忆力、想象力、联想力、逻辑思维能力、创造思维力等）和非智力素质（这里主要指兴趣、情感、意志、性格等）的发展密不可分，它们相互影响、相互作用，直接影响着"大语文教育"的实施成效。

（四）把读、写、听、说四个方面的训练有机结合起来

读、写、听、说四者是相辅相成、互为因果的。但由于传统语文教学忽视听说（升学考试不考听说）等因素的影响，学生读写的能力要高于其听说能

---

① 单中惠. 现代教育的探索——杜威与实用主义教育思想[M]. 北京：人民教育出版社，2002：279.
② 杜威. 民主主义与教育[M]. 王承绪译. 北京：人民教育出版社，1990：18.

力。"大语文教育"就是要坚持读、写、听、说这四个方面相结合的系统训练，与人的全面发展理念要求相一致。

总之，大语文教育注重引导学生充分发挥自主性，从广阔的社会生活中汲取丰富的语文材料学习语文，以此培养学生的创造性思维和研究意识，并不断促进学生人文素养的提升，促进学生全面发展，语文阅读也与这种大语文教育观是一致的。狭义的阅读是指对文学作品的阅读，主要通过老师课堂讲解，使学生理解文章的主题、人物的性格、把握写作特点、品味文章语言等。广义的阅读既包括一般意义上的文学作品的阅读，也包含读历史、读政治、读自然科学、读边缘科学，甚至是读社会、读人生。生活的天地有多宽广，语文的外延就有多宽广。即这种广义的阅读就是我们所说的大语文阅读。

二、大语文阅读的历史发展

"语文"一词最早产生于 19 世纪末，但作为课程名称出现大约在 20 世纪 30 年代后期，由叶圣陶与夏丏尊联合提出来。1949 年 8 月，叶圣陶主持草拟《小学语文课程标准》和《中学语文课程标准》时，第一次使用"语文"作为学科名称。1950 年，由国家出版总署编审局编写出版全国统一使用的中小学课本时，统一名为"语文"。自此，语文学科在中国开始有了确定的学科名称。但抛开语文这个词本身来看，其实我国有着悠久的大语文教育历史，最早可追溯到公元前 6 世纪春秋末期的孔子。有学者根据阶段性特点，将中国语文教育史分为古代语文教育期（前语文教育期）近代语文教育期（始语文教育期）和现代语文教育期（今语文教育期）三大时期。[①] 阅读教学作为语文教育的一个重要组成部分，其发展过程与整个语文教育的发展过程基本同步，也相应地不断发展变化。

---

① 王松泉.关于中国语文教育发展史的分期问题[J].首都师范大学学报,1995(4):116－117.

（一）古代语文教育期的大语文阅读（从有文字产生至 1904 年）

虽然古代语文教育并没有明确的学科分类，但巧妙地融于文、史、政、哲之中："基本上是文、史、哲不分的，甚至人文科学、社会科学、自然科学也不分，学伦理、历史、哲学，学科学、技术，也就是学语文。"①像早期的"六艺"课程就融汇了类似现在的数学、体育、音乐等科目；《三字经》《百家姓》等教材也并非只是简单的识字课本，而是包含了科学、历史、政治、礼仪、文学、实践等知识。

古人很早就认识到了阅读的重要性，孟子提出了"以意逆志""知人论世"的阅读方法。"以意逆志"是指在阅读作品时，读者要根据自己的切身体会，进行想象和联想，最终和作者产生共鸣，感悟到作品中作者所表达的思想感情。"知人论世"是指读者根据作者所处的时代背景、作者的经历以及写作时间、地点等，去理解和欣赏作品中所包含的思想感情。唐代的柳宗元在《报袁君陈秀才避师名书》一文中明确指出："当先读六经，次《论语》，孟轲书，皆经言。左氏《国语》、庄周、屈原之辞，稍采取之。谷梁子、太史公甚峻洁，可以出入。"主张既要深入钻研儒家经典，又要"博取诸史群子"，认真研习诸子百家之书，不能偏执一说，孤陋寡闻。宋代的朱熹把《中庸》中的"博学、审问、慎思、明辨、笃行"这五个步骤继承下来作为《白鹿洞书院学规》的一部分，称之为"为学之序"，并认为其中最关键的就是"博学"和"慎思"，不仅学习的视野要开阔，思考还必须细致严密，体现了传统儒学对"学思并重"的重视。

阅读的教材也经历了一个漫长的发展过程。先秦时期的阅读教材主要有《尚书》《诗经》《楚辞》，以及"器铭文"、历史散文（主要有《左传》《国语》《战国策》)诸子散文（主要有《论语》《孟子》《墨子》《荀子》《老子》《庄子》《韩非子》)等。汉代的阅读教材主要有《论语》《孝经》《五经》、律令文书等。魏晋南北朝时期，随着清谈玄学的风气日渐盛行，"三玄"(《老子》《庄子》《周易》)成

---

① 张隆华,曾仲珊.中国古代语文教育史(第 2 版)[M].成都:四川教育出版社,2000:绪言 5.

为显学，玄学书籍也成为世人的必读内容，诗赋因为押韵、好读也常被选为学童初学诵读的教材，另外还有《文章流别集》《昭明文选》等书籍，《史记》《汉书》等史书，佛经和义疏等。隋唐时期经书仍然是主要读物。唐代有了"九经"的名称，九经是《周易》《尚书》《诗经》加上"三礼"（《周礼》《仪礼》《礼记》），"三传"（《左传》《公羊传》《谷梁传》）。另外："唐代不到三百年的时间中，遗留下来的诗歌就将近五万首，比自西周到南北朝的一千六七百年中遗留下来的诗篇数目多出两三倍以上。"[①]这些诗歌成为儿童丰富的阅读资源。明清时期，在选读《四书》《五经》和其他经、史、子、集类教材基础上，新编了一些文选读本，如《日记故事》《童蒙观鉴》《唐宋八大家文钞》《古文观止》《古文辞类纂》《文章辨体》《文章明辨》等，另外还有浅近的各种诗歌读本，如《唐诗三百首》等。

（二）近代语文教育期的大语文阅读（1904 年至 1949 年）

1904 年"癸卯学制"的颁布标志着语文开始成为一门独立的学科，近代语文教育拉开了序幕。尤其是随着五四运动的爆发，民主化、大众化、科学化的语文教育呼声愈高，现代文开始进入语文教学并逐步占据主导地位，教学目标也由以"传道"为主逐步向以学习语言文字为主转变，教学方法开始强调学生学习的主动性，尤其是兴趣的激发和培养，阅读目标明确、内容丰富、方法多样的局面初步形成。

在阅读目标上，1912 年颁布的《小学学校教则及课程表》规定："读本文章，宜取平易切用可为模范者，其材料就修身、历史、地理、理科及其他生活必需事项择其富有趣味者用之。"[②]1923 年颁布的《新学制课程标准初级中学国语课程纲要》规定，语文教育的目的是"使学生有自由发表思想的能力。使学

---

①　游国恩，王起，萧涤非，等.中国文学史（第 2 册）[M].北京：人民文学出版社，1963：3.

②　课程教材研究所.20 世纪中国中小学课程标准·教学大纲汇编：课程（教学）计划卷[M].北京：人民教育出版社，2001：63.

生能看平易的古书。引起学生研究中国文学的兴趣。"①《新学制课程标准高级中学公共必修国语课程纲要》规定国语教育的目标是："培养欣赏文学名著的能力。增加使用古书的能力。继续发展语体文的技术。继续练习用文言作文。"②1929 年颁布的《高级中学普通科国文暂行课程标准》规定,语文教育的目的是："继续养成学生运用语体文正确周密隽妙地叙说事理及表达情意的技能,并依学生的资性及兴趣,酌量兼使有运用文言作文的能力。继续培养学生读解古书的能力。继续培养学生欣赏中国文学名著的能力。"③

在阅读内容上,传统的"四书""五经"以及文选教材被彻底废弃,代之而来的是适合新学制需要的国文、国语教科书,且阅读在语文教学中占有较高的比重,如《新学制课程标准初级中学国语课程纲要》把读书分成"精读"和"略读","精读选文(由教师拣定书本),详细诵习,研究;大半在上课时直接讨论。略读整部的名著(由教师指定数种),参用笔记,求得其大意;大半由学生自修,一部分在上课时讨论。"一年级"精读传记,小说,诗歌,兼及杂文,语体约占四分之三;取材偏重近代名著",二年级"精读记叙文,议论文,小说,诗歌,杂文。取材不拘时代。语体约占四分之二",三年级"精读记叙文,议论文,小说,诗歌,杂文,语体约占四分之一"。并规定读书共 20 学分(包括精读14 学分和略读 6 学分),作文共 10 学分(包括作文与笔记 4 学分、文法讨论 3学分、演说与辩论 3 学分),写字共 2 学分,共计 32 学分,其中阅读教学占20 分。

在阅读方法上,像 1932 年颁布的《初级中学国文课程标准》规定精读的要点有,教员对于选文应抽绎其做法要项指示学生,使学生领悟文字之体式

---

① 课程教材研究所.20 世纪中国中小学课程标准·教学大纲汇编:语文卷[M].北京:人民教育出版社,2001:274.

② 课程教材研究所.20 世纪中国中小学课程标准·教学大纲汇编:语文卷[M].北京:人民教育出版社,2001:277.

③ 课程教材研究所.20 世纪中国中小学课程标准·教学大纲汇编:语文卷[M].北京:人民教育出版社,2001:286.

与其作法。重在引起自学之动机，不必逐字逐句讲解。令学生运用工具书籍，并指导其使用方法。教员在讲述后，应指导学生做分析综合，比较之研究，务使透彻了解。或提出问题，令学生课外自行研究等等。略读要令学生按个别的兴趣与能力，选读书籍，除定期刊物外，每学期至少两种，设法引起学生读书之动机，并指示各种阅读之方法。就学生所读书籍中，提出问题，令其作有系统的研究。提出所读书籍之参考材料等等。①

（三）现代语文教育期的大语文阅读（1949 年至今）

中华人民共和国成立以来，这一时期属于现代语文教育期。从 1948 年第一次使用语文作为学科名以来，语文课程范围越来越明确化。1950 年 6 月由中央人民政府出版总署编审局出版了全国统一的"语文"课本：《初中语文》《高中语文》，"国文""国语"的学科名称被取消，社会主义"语文"教育的新时代正式开启。统编本《编辑大意》对"语文"的解释是："说出来的是语言，写出来是文章，文章依据语言，'语'和'文'是分不开的。"叶圣陶后来进一步解释道："平常说的话叫口头语言，写到纸面上叫书面语言。语就是口头语言，文就是书面语言。把口头语言和书面语言连在一起说，就叫语文。"②

在语文阅读方面的教学要求也逐步明确、逐步提高。1948 年 8 月，叶圣陶起草了《中学语文科课程标准草案》，规定："初中能够自由阅读各种书籍、报纸、杂志、文件，遇到有疑难，凭自己的翻检和参考大部分能够解决。"虽然这一草案没有成为正式文件，但却奠定了中华人民共和国成立后制定课程标准的基础。1950 年的《小学语文课程暂行标准（草案）》明确要："使儿童通过以儿童文学为主要形式的普通语体文的学习、理解，能独立、顺利地欣赏民族的大众的文学，阅读通俗的报纸、杂志和科学书籍。语文教材以阅读为中心。写话和写字，必须充分和阅读联系；尽可能从阅读过的语文课本或补充读物

---

① 课程教材研究所. 20 世纪中国中小学课程标准·教学大纲汇编：语文卷[M]. 北京：人民教育出版社，2001：291.

② 李杏保，顾黄初. 中国现代语文教育史[M]. 成都：四川教育出版社，1997：340.

中选取材料。"①1956 的《初级中学文学教学大纲(草案)》指出:"学生在课外阅读足够的优秀的文学作品,可以扩大对生活的认识,可以培养辩证唯物主义世界观和共产主义道德,可以培养独立地阅读、理解、欣赏文学作品的能力和运用语言的能力,可以提高文学兴趣,养成阅读习惯。"②到了 1990 年的《全日制中学语文教学大纲(修订本)》规定:"初中阶段……阅读一般政治、科技读物和文艺读物,能理解思想内容,分清层次,领会词句的含义,具有一定的语言感受能力。"③1992 年的《九年义务教育全日制小学语文教学大纲(试用)》规定:"课外阅读是最经常最重要的语文课外活动。学校要为学生创造课外阅读的条件,通过多种渠道增加学生的阅读量。教师要加强课外阅读的指导,经常向学生推荐合适的读物并指导学生选择读物,引导学生把语文课内学到的方法,运用到课外阅读中去,培养认真读书的习惯。还要组织各种读书活动,采取多种形式,交流读书心得,检查阅读效果,不断提高阅读能力。"④

三、大语文阅读的实践探索

从上文我们可以清楚地看到,大语文阅读既有悠久的历史发展,又有现实的政策要求,是语文教育的重要组成部分,是培养学生阅读习惯、提升学生阅读能力、扩宽学生阅读视野、提高学生人文素养能力的重要途径。但是,在当前的应试教育大环境中,中小学阶段的阅读教学往往只着眼于课堂,很少联系到课外的社会生活,枯燥分析、机械灌输的现象屡见不鲜,忽略了阅读同

---

① 课程教材研究所.20 世纪中国中小学课程标准·教学大纲汇编:语文卷[M].北京:人民教育出版社,2001:62.

② 课程教材研究所.20 世纪中国中小学课程标准·教学大纲汇编:语文卷[M].北京:人民教育出版社,2001:344.

③ 课程教材研究所.20 世纪中国中小学课程标准·教学大纲汇编:语文卷[M].北京:人民教育出版社,2001:503.

④ 课程教材研究所.20 世纪中国中小学课程标准·教学大纲汇编:语文卷[M].北京:人民教育出版社,2001:238.

社会生活的紧密联系，更是忽略了对学生人文精神的培养，很难让学生形成对自身一生有用的语文能力。学生经过从小学至高中为期十二年的语文学习，不仅阅读兴趣越来越低，而且阅读视野越来越狭窄，人文素养越来越差。为了扭转这一不良局面，我积极进行了大语文阅读的学校实践。

（一）大语文阅读的目的

读书不能改变人生的长度，但可以改变人生的宽度；读书不能增加个人的财富，但可以使自己的人生之旅丰富多彩。在书中，与大师交流，能启迪智慧，提升品位；与哲人沟通，俯仰天地之间，能开阔胸襟，感悟人生的真谛。所以，大语文阅读应该以中华传统优秀文化之精粹对学生进行熏染与浸润，让学生通过经典的诵读与学习，增加对民族优秀传统文化的认同感。同时，借助个性化阅读，提高学生的语文素养和思想文化修养，促进学生精神层面的成长。通过大语文阅读活动，促进学生形成正确的三观、健全的人格。以下以天津市雍阳中学的做法举例：

学校开展大语文阅读的基本思路是：以学生发展为基础，积极开展读书活动，围绕"书香伴我成长——'阅'读'阅'快乐"这一主题，按照"学生主体、全员参与、以校为主、辐射家长"的工作思路和"内容充实、形式多样、鼓励创新、持之以恒"的工作要求，在校园内营造一种"书声琅琅，书香满校园"的良好氛围，引导学生养成热爱书籍，博览群书的好习惯，多读书，读好书，好读书，提高读写能力，夯实文化底蕴，陶冶情操，使阅读真正成为学生的自觉行动和生活需要。探索以课堂为主，课外校外为辅的教育模式，倡导"师生共读""班级共读""家庭同读"进一步提升学生的人文素养，促进学生的精神成长。

学校开展大语文阅读的具体目标是：增加学生的课外阅读量，力争实现本校毕业生中国古代优秀诗文背诵篇目达到课本安排任务的四到六倍（课本安排是六十一篇）。让中国传统文化熏染浸润作用最大化，培养更多读书的种子和终身学习的榜样。让学生真正成为中华传统文化沃土上健康成长的文章气节少年人,为学生能够成为真正意义上的有高尚道德情操的文化人奠基。以古诗词为契机,弘扬传统文化,激发年轻人对传统文化的热爱,让学生通过诗歌来激发生命中的诗情,从而以积极的生活态度拥抱古人的诗魂。加强对大语文阅读活动的组织指导,逐步完善制度丰富活动载体,不断提高阅读活动机制化、程序化、规范化水平。努力做到七年级和八年级全员参与、全程参与、高效参与,坚持学有所用、学以致用、学用相长。充分发挥语文教师在阅读活动中的组织引领示范作用。要把阅读活动贯穿语文课堂教学始终,通过主题阅读和整体阅读等形式深化对文本的深层理解和感悟,实现学生文本学习中由死记到活用的转化,为学生理解课文感悟生活注入源头活水。

(二)大语文阅读的内容

除了唐诗、宋词、元曲中的经典作品,《道德经》《论语》《孟子》等国学文化中的精华以及部编版教材要求读的书目外,我们还制定了不同年级的必读书目、自主阅读书目和推荐阅读书目。

其中必读书目包括七年级(上)的《朝花夕拾》《西游记》,七年级(下)的《骆驼祥子》《海底两万里》,八年级(上)的《红星照耀中国》《昆虫记》,八年级(下)的《傅雷家书》《钢铁是怎样炼成的》,九年级(上)的《艾青诗选》《水浒传》,九年级(下)的《儒林外史》《简·爱》。

自主阅读书目包括七年级(上)的《湘行散记》《白洋淀纪事》《猎人笔记》《镜花缘》,七年级(下)的《红岩》《创业史》《基地》《哈利·波特与死亡圣器》,八年级(上)的《长征》《飞向太空港》《星星离我们有多远》《寂静的春天》,八年级(下)的《苏菲的世界》《给青年的十二封信》《平凡的世界》《名人传》,九年级(上)的《泰戈尔诗选》《唐诗三百首》《世说新语》《聊斋志异》,九年级(下)的《围城》《格列佛游记》《契诃夫短篇小说选》《我是猫》。

推荐阅读书目包括文学类的《论语译注》《城南旧事》《边城》《朱自清散文选集》《俗世奇人》《我与地坛》《汤姆叔叔的小屋》《伊索寓言全集》《绿山墙的安妮》《老人与海》《古文观止》《穆斯林的葬礼》《菜根谭》《小窗幽记》《纸窗竹

影客宋唐》；人文类的《汉字王国》《甘地自传》《苏菲的世界》《人类的故事》《杰出青少年的7个习惯》《渴望生活——凡·高传》《牛奶可乐经济学》《365种改变世界的方法》《君子之道》《我的精神家园》；科学类的《科学的旅程》《数理化通俗演义》《发明的故事》《数学家的眼光》《物理世界奇遇记》《趣味动物学》等。

（三）大语文阅读的组织实施

1. 大语文阅读的形式

大语文阅读的形式主要包括六个方面：一是利用每周语文连排课，专门设定一节经典诵读课；二是利用每周周二到周四的语文晨读，独立安排一次专属课外篇目的诵读活动；三是以班级为单位，由语文教师组织，每周开展一次经典诵读展示活动；四是由学校语文教研组织，每月开展一次国学专项讲座；五是以年级为单位，由备课组长组织，每学期开展一次经典阅读评比展示活动；六是每学年每班推荐一名经典阅读优秀学生，由语文教研组组织开展"雍阳中学诗词诵读比赛"，评选一次课外经典阅读五星少年，学校颁发荣誉证书。

2. 大语文阅读的组织

一是加强组织领导力量。学校成立"书香伴我成长——'阅'读'阅'快乐"读书活动领导小组。由校领导亲自抓；各班班主任、语文教师具体负责，对学生的阅读活动进行具体的指导和落实。二是班主任负责班级"书香班级"环境建设，利用黑板报和墙报等开辟"读书专栏"，营造符合班级特点的阅读环境。在班级设置阅读机制，选威信高、负责任、具有较强组织能力的学生担任读书组织委员。三是语文教师负责传授读书方法（如：圈点勾画法，批注法，写读书笔记法，做读书卡片法，摘抄精彩片段法，撰写读书札记法等）指导学生进行有效阅读。

3.大语文阅读的落实

一是保证阅读时间。每周周日返校利用一节课的时间作为学生阅读课(班主任负责);每天"晨读"、双周利用一节语文课进行读书展示(语文老师负责);鼓励学生利用课余时间学生进行自主阅读,每天自觉读书时间不少于半小时。二是明确阅读要求。对名著进行分解,划定每日或每周阅读范围(语文教师负责);学生坚持做好读书笔记,摘录美文警句,增加积累,每周一篇(语文教师批阅);读书过程中记下自己的观点和看法,坚持每月至少撰写一篇读书心得(语文教师批阅);每学期每人至少完成两本必读和三本选读,多多益善(班主任落实统计)。三是开展阅读展示活动。以年级为单位每学期开展一次有关读书的大型活动,展示读书活动成果(年级主任和语文组负责);以班级为单位,每学期各班的读书展示活动应不少于两次,可以采用多种形式,组织学生展示自己的阅读成果。如开展诵读比赛、演讲、讲故事比赛、古诗擂台赛、读书笔记展评、读书心得交流、读书征文、编选班刊等各类读书活动,力求通过活动的开展,给学生提供展示自我的舞台,培养学生读书的兴趣(班主任和语文教师负责);发挥学校电视台的作用,开设"领读者"读书栏目,引导学生诵读经典;开展评比活动,评选"书香班级""书香家庭""读书明星",建立奖励机制(年级组负责)。

第二节　国学经典让学生识"仁"明"礼"

有调查显示,当代中学生普遍具有积极的正确的世界观、人生观、价值观,他们能自觉践行道德规范和文明习惯,并展现出爱护环境、奉献社会、创新进取等新时代的新品德。但是部分中学生在吃苦耐劳、道德行为、主动学习和创新意识方面还有待加强,少数中学生的功利化和注重个人利益的倾向值得关注，适合中学生全面健康成长的社会环境仍需进一步优化。[①] 因此，培育和弘扬社会主义核心价值观必须立足中华优秀传统文化。中华文化源远流长，积淀了中华民族最深层的精神追求，代表了中华民族独特的精神标识，为中华民族生生不息、发展壮大提供了丰厚滋养。要学习中国历史，了解和懂得自古以来中国人民创造的灿烂历史文化，继承中华民族在漫长历史发展进程中形成的优良传统，从中汲取思想精华，结合新的实践不断发扬光大。而国学中大量的优秀文化传统，都值得当代中国共产党人学习和领悟。[②] 中华人民共和国中华人民共和国教育部《完善中华优秀传统文化教育指导纲要》中也明确指出，加强中华优秀传统文化教育，对于引导青少年学生更加全面准确地认识中华民族的历史传统、文化积淀、基本国情，认清中国特色社会主义的历史必然性，坚定走中国特色社会主义道路、实现中华民族伟大复兴中国梦的理想信念，具有重大而深远的历史意义。对于引导青少年学生增强民族文化自信和价值观自信，自觉践行社会主义核心价值观具有重要作用。中共中央办公厅、国务院办公厅《关于实施中华优秀传统文化传承发展工程的意见》进一步明确了中华优秀传统文化的主要内容，即"讲仁爱、重民本、守诚信、崇正义、尚和合、求大同等核心思想理念""自强不息、敬业乐群、扶危济困、见义勇为、孝老爱亲等中华传统美德""有利于促进社会和谐、鼓励人们向上向善的思想文化内容"。可见，加强国学经典教育，让学生识"仁"明"礼"，是培育青少年社会主义核心价值观的重要途径。

一、国学经典教育的基本内涵

（一）国学

"国学"一词古已有之，在《周礼·春官宗伯》中有记载："乐师掌国学之

---

① 杨雄，魏莉莉，刘程，等.当代中学生思想道德发展的新特征——基于全国十省抽样调查的统计分析[J].中国青年研究，2020(8)：103.
② 习近平谈国学[J].党员干部之友，2015(8)：8.

政,以教国小子舞。"①《礼记·学记》曰:"古之教者,家有塾,党有庠,术有序,国有学。"②可见,国学在古代意指国家所设立的学校。近代国学概念一般指代中国固有之学术。严格来说:"国学所包含的内涵只是中国传统文化的一部分,也就是它的学术部分。"③随着时间的推移,"国学"之义也在不断演变,发展至今,国学成了与"西学"相对的概念,"也就是'中学',更具体而言,从狭义上讲,是指长达数千年来形成的中华文化典籍,所以'国学',就是由文字记载的中华文化典籍的总称。"④

（二）经典

对于"经典"一词,意大利的卡尔维诺说:"经典是那些正在重读的书,经典是常读常新的书。"阿根廷的博尔赫斯说:"经典是一个民族或几个民族长期以来决定阅读的书籍,是世世代代的出于不同的理由,以先期的热情和神秘的忠诚阅读的书。"⑤任继愈先生认为:"古代的经典经得起揣摩,经得起消化,不是念一遍就完了的。有些故事,讲一遍,听过去就完了,而经典文化不一样,第二遍读过来和第一遍的感受不一样,第三遍过去和第二遍又不一样,可以长期起作用。"⑥

（三）国学经典

"国学经典"就是指中华几千年文化沉淀下来的、承载着最具权威的、最有价值的、经久不衰的文化典籍,这些经典作品经过岁月验证,沉淀出具有中华民族传统社会价值观和道德伦理观的思想体系,是中华民族之根、文化之本,是博大精深的文化遗产。黄济先生认为,中小学生需要学习的国学经典,

---

① 崔记维校点.周礼[M].沈阳:辽宁教育出版社,2000:50.
② 金晓东校点.礼记[M].上海:上海古籍出版社,2016:415.
③ 杜悦.什么是国学 什么是传统文化——中国文化研究所刘梦溪所长访谈录[N].中国教育报,2007-5-23(5).
④ 黄济.在中小学如何开展国学教育[J].课程·教材·教法,2015(2):3.
⑤ 刘光宇.领导干部应该多读经典[N].2008-11-23(A12).
⑥ 任继愈.应当开展经典文化建设活动[J].今日浙江,2001(11):43.

主要包括以下几个方面：①一是蒙养教材，包括《弟子规》《三字经》《百家姓》《千字文》等；二是"四书"，即《论语》《孟子》《大学》《中庸》；三是诸经，包括《诗》《书》《易》《礼》《春秋》《孝经》等；四是诸子，包括管子、老子、庄子、墨子、荀子、韩非子、孙子等；五是儒、道、墨、法四家的若干基本观点，包括天命观、人性论、历史观、政治观、教育观等；六是诸史，包括纪传体、编年体、纪事本末等史书；七是诗文。

（四）国学经典教育

"国学经典教育"就是以国学经典为基本内容，把中华传统文化中的优秀基因渗透进学生的心灵、思想，以期达到提高学生素养、涵养学生心性、陶冶学生情操、培植学生道德、健全学生人格、树立学生远大理想的目的。正如《完善中华优秀传统文化教育指导纲要》所指出的那样，加强对青少年学生的中华优秀传统文化教育，要以弘扬爱国主义精神为核心，以家国情怀教育、社会关爱教育和人格修养教育为重点，着力完善青少年学生的道德品质，培育理想人格，提升政治素养。坚持中华优秀传统文化教育与培育和践行社会主义核心价值观相结合，与时代精神教育和革命传统教育相结合，与学习借鉴国外优秀文化成果相结合，坚持课堂教育与实践教育相结合，坚持学校教育、家庭教育、社会教育相结合，坚持针对性与系统性相结合，培养富有民族自信心和爱国主义精神的社会主义事业建设者和接班人。

二、国学经典教育的历史发展

近代以来中国的国学教育可以说与国家命运紧密相连，也掀起了两次国学教育的高潮，一次是在清末民初，一次是在改革开放之后。

晚清时期，国学教育遭遇了前所未有的挑战：一是来自国学教育自身的挑战。国学教育中虽然有历经几千年历史积淀的优秀传统文化，但也充斥着

---

① 黄济.在中小学如何开展国学教育[J].课程·教材·教法,2015(2):4—14.

陈腐、落后的内容。二是来自清末社会变化的影响。鸦片战争后的中国已经成为一个半封建半殖民地社会,呈现出传统与现代并存的二元化社会形态。三是西学对传统国学教育的冲击。这些挑战催生一场席卷全国教育界的国学教育运动。

自 20 世纪 80 年代以来,在我国改革开放现代化建设的背景下,面对纷繁复杂的环境,在中国的土地上出现了一股国学复兴的热期,人们开始关注国学和国学研究,反思国学在处理当今现实问题上的意义和价值,国学教育再次受到前所未有的重视。

(一)近代国学经典教育的发展

"自鸦片战争以来,欧风美雨一日比一日强劲地洗礼着传统中国,中国传统教育伴随着苦难踏上了近代化的途程。中国教育近代化的深入的过程,亦即中国传统学问淡出历史舞台的过程。"[①]伴随着西学的不断输入,一些先进的中国人开始以西学的视角审视传统教育,并以"中体西用"思想为指导对传统国学教育实施了改良。

1. 清末"新政"时期的中小学国学教育

1901 年始,清政府推行"新政",新式学堂尝试改传统综合教育模式为西学分科教育模式。像《奏定中学堂章程》规定,新式中学堂开设修身、读经讲经、中国文学、外国语、历史、地理、算学、博物、理化、法制及理财、图画、体操科目,传统国学教育的内容由传统的、包罗万象的儒家经典首次被分科为修身、读经讲经、中国文字、历史等科目。只是当时的这种分科还是一种形式上的,国学教育所涉及的主要范围并没有实质上的变化。像中小学修身和读经讲经两科,不仅内容完全沿袭了传统经学教育,而且在课时安排上两科也占了相当的比重。

---

① 熊贤君.现代中国国学教育运动形成原因破译[J].华东师范大学学报(教育科学版),2006(1):76.

2.民国初期(1912—1919年)的中小学国学教育

1911年,辛亥革命推翻了两千多年的封建专制统治,建立了中华民国临时政府,政体的根本变革使得"崇洋""西化"成了民国社会的主旋律。1912年9月,民国政府中华人民共和国教育部颁布的教育宗旨:"注重道德教育,以实利教育、军国民教育辅之,更以美感教育完成其道德。"[①]这一教育宗旨的颁布完全跳出了晚清"中体西用"的思想范畴,突出了新教育的革命和民主意义,意味着公民道德教育开始占据核心地位,并以国文科取代了读经讲经科在中小学课程中的核心地位,构建起了一个以国文课为核心的中小学课程体系。

3.民国中期(1920—1927年)的中小学国学教育

国学教育的日趋没落促使一批以蔡元培、王国维、陈寅恪、梁漱溟、章太炎、邓实、唐文治、吴宓等为代表的教育家、文化名流纷纷提出了革新和复兴中国传统国学教育的思想。随后,国文科转型为国语科,传统文化教育内容增加,为的是以科学的方式传授传统文化,诵读传统经典,提高中小学传统文化素养,增加传统文化底蕴。公民教育取代了公民道德教育,核心是对人的尊重,教育内容包含社会公民所必须具备的权利、义务和各种社会知识以及人生观、价值观甚至世界观等,可以说既与优秀传统道德教育宗旨和内容一脉相承,又着重吸纳了自由、平等、博爱等公民教育内容。

4.抗日战争之前(1928—1937年)的中小学国学教育

1927年4月,随着新成立的南京国民政府对教育管理的强化,三民主义教育思潮开始影响教育领域,中小学国学教育因此具有了浓厚的"政治功利化"色彩。像1929年8月颁布的《中小学课程暂行标准》规定小学设置包括党义、国语和社会科在内的九门科目,中学设置包括党义、国文、外国语、历史、

---

① 中国二十世纪通鉴编辑委员会.中国二十世纪通鉴(第一册)[M].北京:线装书局,2002:680.

地理和党童子军在内的十三门课程。① 并且在中小学国语教育中恢复了读经讲经,加强传统文化教育。本质上是南京政府为了维护其政治统治,借助传统儒家经典实现三民主义的儒家化,正统化。

5.抗日战争爆发之后(1937－1945 年)的中小学国学教育

1931 年 9 月 30 日,受南京国民政府邀请,国际联盟教育考察团来华考察,形成的《中国教育之改进》的考察报告强调:"新中国必须振作其本身之力量,并从自有之历史,文献,及一切真属固有之国粹中抽出材料,以建造一种新文明,此种文明,非美非欧,而为中国之特产也。"②尖锐地指出了中国教育近代化变革过程中漠视本国优秀传统文化教育,一味机械模仿西方的危险。在这之后的"20 世纪三四十年代,随着国学教育和研究机构的创办,国学研究的深入开展,普通中学课程体系中国学内容渗透力度的加大和中小学读经运动的推进,一场席卷全国教育界的国学教育运动宣告形成"③。国学教育重新回到中小学课堂,像 1940 年 7 月南京国民政府中华人民共和国教育部颁布的《初级中学国文课程标准》就提出中学国文教育以"使学生从本国语言文字上,了解固有文化,并从代表民族人物之传记及其作品中,唤起民族意识与发扬民族精神"④。可以说,突出传统文化教育是以强化民族意识、激发民族情感、凝聚民族精神抵御外族入侵的必然要求。

(二)现代国学经典教育的发展

20 世纪八九十年代,随着"国学热"的兴起,"国学"概念也进一步得到发

---

① 课程教材研究所.20 世纪中国中小学课程标准・教学大纲汇编:课程(教学)计划卷[M].北京:人民教育出版社,2001:119.

② [德]C. H. Becker,[波兰]M. Falski,[法]P. Langevin,[英]R. H. Tawney. 中国教育之改进[R].国立编译馆译.上海:文心印刷社,1932:20.

③ 熊贤君.现代中国国学教育运动形成原因破译[J].华东师范大学学报(教育科学版),2006(1):76.

④ 课程教材研究所.20 世纪中国中小学课程标准・教学大纲汇编:语文卷[M].北京:人民教育出版社,2001:304.

展。像 1991 年,张岱年先生在《国学今论》序言中指出:"国学是中国学术的简称……包括哲学、经学、文学、史学、政治学、军事学、自然科学以及宗教、艺术等等。"①1993 年南怀瑾先生在为北京大学《国学研究》创刊致辞中指出,国学"并非专指写古文辞旧体诗词等文字范畴,中国文化自古及今素来文哲不分、文史不分,而且文法文政亦不可或分,如以现代言之,国学一辞,内涵统括固有之文史科哲等学,并非仅限于辞章义理考据而已"②。发展至今,国学"既包括以经典形态呈现的知识及其体系,也包括蕴涵在生活中的为人处世、修身齐家治国平天下的世界观、人生观和价值观。"③

近些年来,我国把弘扬中华传统文化作为建设社会主义文化的重点,出台了一系列大政方针。尤其是党的十八大以来,习近平总书记和党中央高度重视中华优秀传统文化教育,作出了一系列重要指示和决策。中共中央总书记、中共中央军委主席习近平在中央党校建校 80 周年庆祝大会暨 2013 年春季学期开学典礼上的讲话中明确指出:"中国传统文化博大精深,学习和掌握其中的各种思想精华,对树立正确的世界观、人生观、价值观很有益处……学史可以看成败、鉴得失、知兴替;学诗可以情飞扬、志高昂、人灵秀;学伦理可以知廉耻、懂荣辱、辨是非。"与此同时,一系列具体的政策举措也相继颁布实施。2013 年 12 月,中共中央办公厅印发的《关于培育和践行社会主义核心价值观的意见》要求:"开展优秀传统文化教育普及活动,增加国民教育中优秀传统文化课程内容,分阶段有序推进学校优秀传统文化教育。"2014 年 4 月,中华人民共和国教育部关于《完善中华优秀传统文化教育指导纲要》要求:"在课程建设和课程标准修订中强化中华优秀传统文化内容。修订相关教材和组织编写中华优秀传统文化普及读物。小学低年级,以培育学生对中华优

---

① 张岱年等.国学今论[M].沈阳:辽宁教育出版社,1991:序 1—2.

② 陈来.九十年代步履维艰的国学研究[EB/OL].2020—12—14.http://www.nanss.org/Item/795.aspx.

③ 吴安春.现代教育背景下如何开展国学教育[N].中国教育报,2016—11—10(7).

秀传统文化的亲切感为重点,小学高年级,以提高学生对中华优秀传统文化的感受力为重点,初中阶段,以增强学生对中华优秀传统文化的理解力为重点。"2019 年 3 月,中华人民共和国教育部关于《加强和改进中小学中华优秀传统文化教育工作方案》要求:"健全中华优秀传统文化进课程教材有关标准要求,依据纲要、图谱组织课程教材修订,强化学生对中华优秀传统文化的活动体认,健全中华优秀传统文化教育考核评价体系,提升中小学教师中华文化素养,大力推进实践基地和资源建设,加强中华优秀传统文化教育研究,强化教育协同机制。"2021 年 1 月,中华人民共和国教育部关于《中华优秀传统文化进中小学课程教材指南》要求:"中小学课程教材主要围绕核心思想理念、中华人文精神、中华传统美德三大主题,遴选中华优秀传统文化教育内容。"并以经典篇目、人文典故、基本常识、科技成就、艺术与特色技能、其他文化遗产等为主要载体形式。

现如今,我们已经清晰地认识到国学教育对于个人和社会发展的重大意义。一方面,个体通过对中华民族优秀文化的学习、理解、认同和践行,从深层次上将其上升华为人的信仰,成为支撑人终生的深沉的、内在的人格力量,使人超越了世俗的观念和物质的诱惑,成为一个有道德涵养的纯粹的、品格高尚的人。另一方面,国学教育通过培养大批认同中国文化、具有国学素养和人文精神的人才推动国学复兴,进而形成民族崛起的精神支柱。[①]

三、国学经典教育的实践探索

中华人民共和国教育部关于《完善中华优秀传统文化教育指导纲要》规定:"小学低年级,以培育学生对中华优秀传统文化的亲切感为重点,开展启蒙教育,培养学生热爱中华优秀传统文化的感情。认识常用汉字,学习独立识字,初步感受汉字的形体美;诵读浅近的古诗,获得初步的情感体验,感受

---

① 吴安春.现代教育背景下如何开展国学教育[N].中国教育报,2016-11-10(7).

语言的优美；了解一些爱国志士的故事，知道中华民族重要传统节日，了解家乡的生活习俗，明白自己是中华民族的一员；初步了解传统礼仪，学会待人接物的基本礼节；初步感受经典的民间艺术。引导学生孝敬父母、尊敬师长、友爱同学、礼貌待人，养成勤俭节约、吃苦耐劳、言行一致的生活习惯和行为规范，培育热爱家乡、热爱生活、亲近自然的情感。小学高年级，以提高学生对中华优秀传统文化的感受力为重点，开展认知教育，了解中华优秀传统文化的丰富多彩。熟练书写正楷字，理解汉字的文化含义，体会汉字优美的结构艺术；诵读古代诗文经典篇目，理解作品大意，体会其意境和情感；了解中华民族历代仁人志士为国家富强、民族团结做出的牺牲和贡献；知道重要传统节日的文化内涵和家乡生活习俗变迁；感受各民族艺术的丰富表现形式和特点，尝试运用喜爱的艺术形式表达情感；培养学生对传统体育活动的兴趣爱好。引导学生学会理解他人，懂得感恩，逐步提高辨别是非、善恶、美丑的能力，开始树立人生理想和远大志向，热爱祖国河山、悠久历史和宝贵文化。"

儿童时期是人生发展的黄金阶段。这个时候，如果系统、大量诵读经典，能够有效地促进智力发展、陶冶完美心性、开启人生智慧。用科学的方法、顽强的毅力坚持诵读经典，即使不成治国、平天下的经天纬地之才，也一定是识本末、知进退、谙大道、有格局、成大业的谦谦君子！基于对国学经典教育概念内涵、历史发展的基本认识，以及当前相关政策的基本要求，我曾在杨村第八小学进行了一些推进国学经典诵读的实践探索。

（一）制定目标

宣传和继承中华传统文化是学校教育的重要任务之一，需要首先给学生推荐阅读书目、帮助他们构建完整的阅读体系。根据朱永新教授的读书建议，学校确定了涉及文学、科学、人文等方面的 100 本图书。规定一年级阅读 2 万字，二年级阅读 3 万字，三年级阅读 15 万字、四年级阅读 25 万字，五六年级各阅读 50 万字，共 145 万字，且每个年级阅读不同的书目。

学校要求一至三年级学生诵读古诗，四至六年级学生诵读古词，其中一年级学生全年诵读 30 首,二年级学生诵读 40 首,三年级学生诵读 30 首,四年级学生诵读 20 首,五年级学生诵读 20 首,六年级学生诵读 20 首,总共 160 首古诗词。古诗词背诵分阶段分年级完成目标后,学校颁发证书鼓励学生和班级。另外还要求学生自一年级开始,用一年的时间诵读、领悟《弟子规》,践行其中的积极思想,规范在家校、社会的文明行为;三年级开始诵读《论语》《大学》,感悟其中的思想内涵和现实意义,提升自己的做人修养。

(二)组织实施

1. 自编诵读教材

学校以《弟子规》内容为主,自编了三本校本教材,供一年级、二年级和三年级学生使用。每本教材安排十六课,每课安排上两课时,每课内容安排诵读、释义、识道明理、故事链接、实践导行、行为指南、评价反馈共七个方面内容。每周安排一节校本课学习,由班主任担任主讲教师,学校统一对班主任进行了课前培训。

2. 开设专门课程

一是开设传统文化课程,将中华传统美德与社会主义核心价值观有机结合,利用传统经典弘扬良好品德,完善人格修养,追求高尚情操,滋养学生心灵。二是开设《中国家风》课程,让孩子和家长一起整理提炼分享良好家风家规,让家庭美德鼓舞后人、激励他人、温暖社会、薪火相传。家是最小国,国是千万家。

3. 校长带班诵读

校长带一个班级的《论语》诵读,每周一节课,要求学生利用每天零散时间诵读感悟。教学流程如下:

热身:分享诵读感悟,以及自己的成长与进步。

一、温故知新。尝试背诵或诵读学过的段落。

二、诵读新内容。通过反复诵读，让学生自己尝试解读新内容。

三、教师解经明道。

四、学生论道、延伸。引领学生联系生活实际，体悟经典。

五、品读背诵。鼓励学生通过背诵品味经典。

六、每日作业：

诵读数遍，将自己理想的诵读音频发在交流群（自己统计累计总遍数）。

三省吾身，日行一善（对照中华传统美德，思想行为每天进步一点点）。

4.加强教师学习

学校组织教师多批次赴北京昌平参加传统文化课程、赴山东曲阜传统文化学校参加德慧双修的静心课程，让教师在增长教育智慧的同时，陶冶品德性情。学习还建立教师国学交流群，组建教师经典诵读班，促进他们心灵成长。现在，越来越多的教师在校园内激发和传递正能量，提升自我、激励他人，共同提升幸福指数。

5.组建诵读社团

学校组建了古诗词诵读社团，定期活动。由校长亲自任辅导老师，十三名学生自愿报名参加，每周三下午活动一节课，主要采取读熟、释义、感悟、诵读、导行等环节引导学生学习《论语》《大学》《中庸》等名篇。师生还创新学习形式，将《咏鹅》《春晓》等古诗改编成舞蹈、音乐剧等形式；把描写四季的古诗串联在一起，通过吟诵、表演的形式，把古诗的美好意境用孩子们的特有方式表现主来。

6.实施家校共育

通过开展"杨村第八小学书香飘万家，好妈妈读书行动"，为家长赠书、指导亲子阅读，让家长放下手机加入亲子共读，通过家长读书进一步影响孩子读书,从而形成教育合力。另外,家长阅读后将自己读后感写在图书漂流卡上,在家长会上彼此交流分享,逐步提升家长的阅读兴趣和家教能力。

（三）保障措施

一是营造"一课""一角""一架"(即每周一节阅读课;每班一个读书角;每层厅廊一组读书架)的开放式读书环境,丰富学生的读书生活。读书角、读书架上的图书主要由学生捐赠,为鼓励学生捐赠图书,学校采取购买新图书,用一本新图书换三本旧图书,既为家长节约了资金,让自己的孩子学到了新知识,又达到同学间共同分享图书的目的,一举三得。

二是为让学生和学校掌握学生的阅读情况,为每位学生设置一个阅读档案袋,袋中保留学生的阅读记录表和相关的资料,一直保留至小学毕业,既给学生留下阅读痕迹,又便于学校对阅读工作深入研究。

三是对学生阅读情况学校定期检查督促,每年评选合格和优秀学生及班级,并下发证书奖励。

第三节　心理健康教育呵护学生健康成长

中小学生是青少年的主体,是国家的未来和希望。中小学生要立志成才,必须勤奋学习、提高综合素质,努力做到修身立德、志存高远,勤学上进、追求卓越,强健体魄、健康身心,锤炼意志、砥砺坚韧。同学们都要自觉加强道德养成,从小就让社会主义核心价值观的种子在心中生根发芽,把国家、人民、民族装在心中,注重养成健康、乐观、向上的品格;都要乐于学习、勤于学习、善于学习,在求知境界上越来越高;都要把身心健康牢牢抓在手上,养成良好的生活习惯,经常参加劳动和体育锻炼,通过多种方式怡情养性;都要敢于面对各种困难和挫折,自觉培养不畏艰难、顽强奋进的意志品质。可见,加强心理健康教育,让学生健康成长,是提高青少年综合素质的重要途径。

一、心理健康教育的基本内涵

东西方思想中很早就有关于心理健康的论述,如《尚书》中的:"五福:一曰寿,二曰富,三曰康宁,四曰攸好德,五曰考终命。六极:一曰凶短折,二曰疾,三曰忧,四曰贫,五曰恶,六曰弱。"①也就是说人有长寿、富贵、健康平安、修行美德、老而善终五种幸福,短命夭折、疾病、忧愁、贫穷、邪恶、懦弱六种不幸。古希腊哲学家赫拉克利特曾这样看待健康:"如果没有健康,智慧就无法表露,文化就无法施展,力量就无法战斗,知识就无法利用。"②当然这些还不是对心理健康的概念进行严格意义上的、科学的阐述,但反映的却是人类早期的"健康观",凸显了人类对自身生命意识和价值观念的深刻认识。

(一)心理健康教育的含义

现代西方对于心理健康的解读比较典型的是《世界卫生组织宪章》中的界定:"健康是身体的,精神及社会的完好状态,而不仅仅是没有疾病和虚弱。"③当然,由于受不同的历史文化传统、社会发展状况等的影响,中外学者们关于心理健康的内涵与标准问题一直争论不休。对此有学者就明确指出:"心理健康标准受文化和社会发展制约,虽可借鉴西方学者的研究,但应与中国的具体实际相结合,走中国化的道路。"④但整体来看,心理健康还是有一个相对统一的认识的,那就是个体内部协调与外部适应相统一的健全、和谐的状态;心理健康的标准包括认知、情绪、意志、行为、人际和人格等多个维度,如智力发展正常,情绪稳定乐观.意志品质健全,行为协调适度,人际关系和谐,人格完整独立。⑤

---

① 冀昀主编.尚书[M].北京:线装书局,2007:142.

② 李晓东.一本书读懂西方智慧[M].北京:北京师范大学出版社,2013:28.

③ [日]岛内宪夫.世界卫生组织关于"健康促进"的渥太华宪章[J].张籁曾译.中国健康教育,1990(5):35.

④ 周燕.关于我国学生心理健康研究的几点思考[J].教育研究与实验,1995(1):44.

⑤ 陈家麟.学校心理健康教育:原理、操作与实务[M].北京:教育科学出版社,2012:33－35.

我国的政策文件中也有明确的概念界定,像《健康中国行动(2019—2030年)》规定:"心理健康是人在成长和发展过程中,认知合理、情绪稳定、行为适当、人际和谐、适应变化的一种完好状态。"中华人民共和国教育部《关于加强中小学心理健康教育的若干意见》规定:"中小学心理健康教育是根据中小学生生理、心理发展特点,运用有关心理教育方法和手段,培养学生良好的心理素质,促进学生身心全面和谐发展和素质全面提高的教育活动。"可见,进行中小学心理健康教育的前提是掌握中小学生心理发展特点。

(二)青少年心理发展的特点

在认知发展方面,感知觉在目的性、持久性、精确性、概括性和全面性上有显著发展;注意力明显发展;记忆理解性和有意性进一步提高,原有的机械记忆让位于意义记忆;想象中的创造性成分逐步增加;在广泛掌握各种日常概念和生活用语的基础上,开始掌握很多科学概念和学术用语。尤其是在思维发展方面,青少年在头脑中已经可以把事物的形式和内容分开,可以离开具体事物,根据假设来进行逻辑推理,能运用形式运算来解决诸如组合、包含、比例、排除、概率及因素分析等逻辑问题。

在个性、社会性的发展方面:一是自我的发展,包括自我评价、自我体验和自我控制的发展。育少年的内心世界更加丰富起来,在日常生活和学习中,他们常常会产生这样或那样的关于自我的问题,用自己的认识对自己进行适当的评价,即进行内省。而且自尊心明显增强,对于别人的评价十分敏感,好胜心强、不甘落后的心理非常突出。自我控制能力也逐渐增强,并在高年级后逐渐"内化"。二是情绪情感的发展。青少年抛弃了童年时"非黑即白"的单一式情绪体验,在情绪体验上加入了更多的主观因素。他们易动感情,重感情,充满热情和激情,但也容易情感波动,表现出不稳定的特点。到了青少年的后期,其情绪发展开始走向成熟,对冲动的情绪进行克制和忍耐,情绪反应的程度也开始降低,情绪逐渐稳定,但又会出现情绪的"文饰性",比如明明心里很高兴或很难过,表面上却满不在乎。三是社会交往的发展,在亲子关系方面,育少年想脱离父母,争取独立,他们越来越少与父母谈及心事,隐瞒行为越来越多;在师生关系方面,教师在学生心目中的权威地位开始下降,青少年不再把教师的话当作圣旨一样来执行,而是多了一些自己的判断和想法;在同伴关系方面,青少年对同伴持有开放的态度,有强烈的获得朋友的需要,友谊质量对育少年心理健康的作用甚至大于父母的作用。

当然,由于青少年育少年的生理和心理都处于剧烈变化之中,各方面发展也不平衡,所以也会产生各种各样的矛盾心理。一是青春期性的萌动与道德规范的矛盾。二是独立性与依赖性的矛盾,虽然不愿意听从父母、老师或其他成人的意见或建议,但又希望得到他们在精神上的理解、支持和保护。三是闭锁性与要求交往的矛盾,虽然青少年随着独立性与自尊心的发展开始有了自己的"秘密",不再轻易地表露自己的内心世界,但希望有人来关心和理解他们,排解其心中的孤独寂寞。四是自负与自卑的矛盾,容易因为一两次成功而沾沾自喜,或因为偶然的失败而否定自己。

二、心理健康教育的现状问题

中华人民共和国成立后,由于种种原因,心理健康教育一直被忽视,直到20世纪80年代中期,我国一些中小学校开始尝试进行学生心理素质的教育。上海、南京等地的一些中小学开始心理辅导,上海于1989年还成立了上海的中小学心理辅导协会。同年9月,广东省湛江市推出"体育与健康教育"课程,其中就包含了心理卫生和心理保健知识。但是发展到目前来看,中小学的心理健康教育还是存在几方面的问题。

（一）存在医学化倾向

认为心理健康教育就是一种心理咨询与心理治疗,治疗与指导性的意识比较突出,在心理障碍方面的选择比较多。往往将身心正在成长的未成年人视为成年人,用精神卫生量表描述学生人格状态,用智力量表解释学生学业成绩差异。没有认识到青少年在成长中出现一些异于成人的表现是正常的发展性问题,而不是病理性问题。中小学心理健康教育的本质是教育,不能仅通过观察就把学生的行为特质标签化,不能简单地寄希望于用医学技术快速解决青少年的行为异常问题。

（二）存在教学片面化倾向

要么在心理健康教育中过度突出概念、理论的教学,内容枯燥乏味,学生在课堂中则是以勾勾画画、死记硬背为主,这样的课堂教学对于学生的心理健康无法起到推动作用,甚至还会导致学生学习压力不断提高,教学作用反向体现。要么过多地关注心理测试,并以测试分数进行针对性教学,这也导致学生心理压力不断提高,在分数较低时甚至还会成为被其他同学笑话的"把柄",从而形成更加严重的心理问题。

（三）存在经验性教育倾向

一些心理健康教育观点不是通过科学研究,而是通过经验性观察提出的,不符合甚至违背了青少年的身心发展规律。无视心理健康教育的特殊性和专业性,随意降低心理健康教师的岗位资质,用个人经验代替科学方法。或者不能与时俱进,套用过去经验解决当下中小学生身心发展的新问题,缺少创新精神和能力,甚至没有能力区分"科学"和"伪科学"。

（四）存在德育化倾向

当前,中小学的心理健康教育课程与德育课程界限不清晰,没有清晰理解和准确把握中小学心理健康教育与道德教育相互区别又相互融合的密切关联。认为心理健康教育就是道德教育①,认为加强德育工作就是开展了心理健康教育,将中小学生出现的心理问题简单地归结为道德品质问题,没有专门设立心理健康辅导课或心理健康活动课。②

---

① 王志超."心理教育"质疑——兼论"心理健康教育"的逻辑悖论[J].南京师大学报(社会科学版),2007(4):97—103.

② 韦磐石.中小学心理健康教育的显性问题及对策[J].吉首大学学报(社会科学版)2001(5):146—148.

（五）存在西方文化倾向

在当前的中小学心理健康教材中，人名非玛丽即约翰，哲理是西方名言，励志故事是西方人成功经验；将西方心理学理论奉为圭臬，从价值理念到具体操作全盘接受。没有意识到吸纳西方先进文化的根本目的在于丰富和发展中华民族自身文化，在向西方学习心理健康教育的理论和方法时要鉴别、改造、剔除那些与中华文化核心相悖的价值取向和人生信仰。[①] 没有意识到在开展中小学心理健康教育时，增强儿童青少年的民族认同感和文化自豪感尤显重要。

三、心理健康教育的政策发展

（一）纵向政策发展

1994 年 8 月，《中共中央关于进一步加强和改进学校德育工作的若干意见》发布，首次提出了"心理健康教育"，要求"通过多种方式对不同年龄层次的学生进行心理健康教育和指导，帮助学生提高心理素质，健全人格，增强承受挫折、适应环境的能力。"

1997 年 4 月，原国家教委印发了《九年义务教育小学思想品德课和初中思想政治课程标准（试行）》，第一次以课程标准的形式规定了小学和初中心理健康教育的主要内容和要求。如初中一年级要"对学生进行良好心理品质、高尚道德情操和正确思想方法的教育，使他们懂得磨炼意志、优化性格、自尊自信、陶冶情操、严格自律对个人成长的意义；引导他们正确对待社会，培养健全人格；使他们具有面对挫折的承受能力和对待成功的正确态度，以适应现代社会生活的需要"。

1999 年，中华人民共和国教育部成立中小学心理健康教育专家咨询委员会（后更名为中华人民共和国教育部中小学心理健康教育专家指导委员会）。

---

① 孟楠.关于学校心理健康教育现状的思考［J］.教育探索,2006(2):88－89.

同年 8 月颁布《中华人民共和国教育部关于加强中小学心理健康教育的若干意见》，对中小学开展心理健康教育的基本原则、主要任务、实施途径、师资队伍建设、组织领导以及需要注意的问题等提出了指导性意见。2002 年中华人民共和国教育部进一步印发《中小学心理健康教育指导纲要》，规定了中小学心理健康教育的指导思想、基本原则、目标与任务、主要内容、途径和方法、组织实施等内容。

2011 年 10 月，《中共中央关于深化文化体制改革、推动社会主义文化大发展大繁荣若干重大问题的决定》首次阐释了"社会主义核心价值体系"与"心理健康教育"的关系，指出"社会主义核心价值体系是兴国之魂，是社会主义先进文化的精髓，决定着中国特色社会主义发展方向。把社会主义核心价值体系融入国民教育、精神文明建设和党的建设全过程。"

2013 年 1 月，中华人民共和国教育部等五部门发布的《关于加强义务教育阶段农村留守儿童关爱和教育工作的意见》要求："学校要重视留守儿童心理健康教育，将其作为重要内容纳入教育教学计划。在举办体育、艺术、社会实践等活动时，要引导留守儿童积极参与，缓解其孤独情绪，营造关爱留守儿童的校园氛围。班主任和心理教师要密切关注留守儿童思想动向，主动回应留守儿童心理诉求，不断加强师生情感沟通交流，努力弥补留守儿童家庭温暖的缺失。对学习困难的留守儿童进行有针对性的辅导，激发其学习兴趣，不断提高自主学习能力。在学校工作的各个环节中，要注意方式方法，避免将留守儿童标签化。"

2015 年 7 月印发《中小学心理辅导室建设指南》，对全国中小学心理辅导室的建设、规范、管理与督导评估予以指导、规范。明确："心理辅导室建设应坚持立德树人，以促进学生健康发展为根本，心理辅导室软、硬件设施配置遵循中小学生身心发展特点和心理健康教育规律，重在提供心理辅导和心理健康服务。通过向学生提供发展性心理辅导和心理支持，提高全体学生的心理素质，培养他们积极乐观、健康向上的心理品质，促进学生身心和谐可持续发展,有效适应学校生活和社会公共生活,为他们快乐学习、健康成长和幸福生活奠定坚实基础。"

2016年12月,中华人民共和国国家卫生健康委员会等二十二部委印发的《关于加强心理健康教育服务的指导意见》要求:"全面加强儿童青少年心理健康教育……中小学校要重视学生的心理健康教育,培养积极乐观、健康向上的心理品质,促进学生身心可持续发展。……共青团等组织要与学校、家庭、社会携手,开展'培育积极的心理品质,培养良好的行为习惯'的心理健康促进活动,提高学生自我情绪调适能力,尤其要关心留守儿童、流动儿童心理健康,为遭受学生欺凌和校园暴力、家庭暴力、性侵犯等儿童青少年提供及时的心理创伤干预。"

2017年7月,中华人民共和国教育部发布通知,将"心理健康教育"学科纳入中小学教师资格考试中。

2019年12月,中华人民共和国国家卫生健康委员会、中华人民共和国教育部等十二部委印发的《健康中国行动——儿童青少年心理健康行动方案(2019—2022年)》提出:"到2022年底,实现《健康中国行动(2019—2030年)》提出的儿童青少年心理健康相关指标的阶段目标,基本建成有利于儿童青少年心理健康的社会环境,形成学校、社区、家庭、媒体、医疗卫生机构等联动的心理健康服务模式,落实儿童青少年心理行为问题和精神障碍的预防干预措施,加强重点人群心理疏导,为增进儿童青少年健康福祉、共建共享健康中国奠定重要基础。"并从心理健康宣教、心理健康环境营造、心理健康促进、心理健康关爱、心理健康服务能力提升、心理健康服务体系完善等六个方面提出了具体的行动要求。

（二）横向政策发展

从横向上看,截至2019年底,全国共有31个省份出台了中小学心理健康教育的专门政策,这些政策既落实了国家要求,又体现了各省特色。各省政策均有以心理育人体系构建为主要目标、以课程建设为教育实施主要渠道、以阵地建设与心理教师队伍建设为主要抓手、以强化组织领导为重要保障以及社会支持服务体系建构力度有待加强的共性特征,并且在政策实施力度、教师队伍建设力度、心理健康教育体系化推进等方面存在明显差异。下一步各省要深化中小学心理健康教育建设需防范省际政策的"两极化",政策制定需立足省情、避免简单复制,建构清晰明确的政策评鉴机制,并且整合社会资源、强化政策协同。[①]

四、心理健康教育的学校实践

根据青少年的心理发展特点、相关政策的基本要求、学校发展的实际情况,我们积极开展了心理健康教育的实践探索,实施了一系列的制度措施。例如杨村第八小学自 2004 年建校以来,在全区率先启动了心理健康教育,主要做法如下:

(一)领导重视,培养骨干教师,人人做心理健康教育工作者

随着社会的发展与进步,身心健康越来越引起关注,党和国家对学生的心理健康尤为重视,明确地把提高学生的心理素质作为素质教育的重要组成部分。每学期,学校都把心理健康教育作为德育工作的重要内容,加强领导,研究落实相关工作任务,从人力物力上给以保证。学校领导一把手亲自抓心理健康教育,副校长及德育主任专门负责心理健康教育。德育主任刘胜强多方收集材料,到学生中间进行心理测试,带动全校教师进行心理健康教育。班主任和任课教师结合工作实际广泛开展心理健康教育,培养骨干教师做兼职心理健康教师。全校形成了从领导到教师到学生的心理健康教育网络。在心理健康教育上舍得投入,从大环境改善到心理咨询室建设,为师生创造和谐文明的教育环境和条件。在具体工作上,结合师生的工作和学习实际,

---

① 谭鑫,彭玮婧.我国中小学心理健康教育建设的省际政策比较——基于 31 省份中小学心理健康教育实施方案的文本分析[J].湖南师范大学教育科学学报,2021(1):75.

开展积极的思想工作，把心理健康教育融入学校工作中，体现在学生的成长过程中。

学校先后派出部分骨干教师外出听课学习，参加各种培训。这些教师先后到天津师范大学、北京等地学习培训，为心理教育的开展奠定了基础。为了普及心理健康教育的基本知识，学校面向全体教师，定期举办心理健康业务讲座，了解教育动态，不断提高教师的心理水平。

（二）整合教育资源，发挥教育合力

学校心理健康教育是全过程的、全方位的。因此，在日常教育中，学校十分注重整合各种资源，发挥心理健康教育的合力。

1. 利用课堂教学，开展心理健康教育

课堂教学是进行心理健康教育的主渠道。学校通过观看优秀课，专门的心理健康教育研讨等方式引导教师挖掘教材中有利于培养学生良好心理素质的因素，通过精心设计，使师生达到共鸣。如，我们的教师在指导低年级学生学习汉字"柏"时，让学生说一说"柏"字左边的"木"字旁最后一笔为什么不写成"撇"，而写成一"点"，学生通过讨论得知"木"是为了使整个字"柏"更美观而失去自己的部分美，教师马上因势利导问学生："同学们该向木字旁学习什么呢？"学生通过讨论得知：同学之间只有懂得谦让才会使心灵更美。再如，指导学生学习长方形图形时，教师让学生明白长方形是遵守规定比例让人感到美的，作为一名学生也要像画长方形一样只有遵守有关规定才能与别人关系和谐，才能发展自己。学校为了让健康教育取得实效，在听课评价表中专门设置"是否渗透心理健康教育"一项，意在强化教师在课堂教学中渗透心理健康教育的意识。

2. 加强人文环境建设，营造心理健康教育氛围

在一个人的成长过程中，环境因素起着重要的影响作用。因此，学校以人为本，积极创设温馨的校园环境：学校绿化率达到40%以上；校园内安装

20 个宣传橱窗,楼内墙壁张贴警示语、格言等;将学生的绘画、书法作品张贴在楼道两侧展览,为学生才能的展示搭建了平台;各班设立图书角,使学生的课余时间更丰富;开展绿色植物进班级活动,做到了四季常青,四季有花,让学生时时处于优美的环境之中。总之,通过加强人文环境建设,营造了良好的育人氛围,使学生的身心健康得到进一步发展。

3. 以活动为载体,推进心理健康教育

成长和发展从根本上说是一种自觉和主动的过程,学生只有亲身体验,才会有自愿,有了自愿才会有自觉,有了自觉才会有正常发展。为此,学校开展了丰富多彩的校园活动让学生来体验。如:军训活动,培养了学生不怕困难,顽强拼搏的精神;每年一届的体育节、艺术节、读书节以及每月一次的群体活动、每周一次的兴趣小组活动和常年开设的体育传统项目,调节了学生的身心,挖掘了学生的潜能,培养了学生的特长;走入社区内搞环保宣传,捡拾白色垃圾,培养了学生的社会责任感;感恩教育,让学生认识到亲情的无私;场面感人的捐助活动,让学生体会到爱的伟大。这些活动都在潜移默化中培养了学生良好的心理品质,对他们今后的发展起到了非常重要的作用。

(三)采取有效措施,加强心理健康疏导

由于社会、家庭、学校等多方面的原因,现在的学生在情感上、心理上都比较脆弱,遇到困难和挫折他们往往失去自信心,长此下去会影响他们今后的生活与工作。为使他们找到自信,树立起生活的信心,主要的做法是:

1. 积极完善心理健康教育的硬件设施

一是学校专门设立心语室,积极营造和谐温馨的环境氛围,每天定时向学生开放,及时解答学生心理问题。二是向学生和家长公开咨询电话号码,以方便咨询。

2. 定期开展心理健康情况调查，及时掌握学生心理状况

每学期初，设计心理健康调查问卷，对学生进行心理健康情况调查，通过分析及时掌握学生状况，依据实际情况研究对策，做到有的放矢。此外，各班还设立了"知心姐姐"信箱以利于教师与学生的心理沟通。

3. 关注特殊群体，适时疏导

学校通过问卷调查、走访教师、学生座谈等形式筛选出有心理问题或有心理问题倾向的学生，为他们建立心理档案以便随时疏导，对学校不能解决的心理问题，学校负责向问题学生的家长推荐更高一级的咨询教师。

4. 完善服务，做好心理咨询工作

做好心理咨询工作，为学生提供咨询服务，是心理健康教育的重要组成部分。为此，我们建立了心理健康档案，真实地记录学生们的思想历程。在咨询服务中，由于学生们的个人经历不同、遗传因素的不同，学生的表现也千差万别，心理教师非常重视学生的这种个性差异，针对不同的学生采取不同的服务方式。在实际工作中，学校注重两方面的疏导：一是单亲家庭学生的心理教育，二是青春期教育。

第三章 多彩活动拓展育德途径

　　人民有信仰,民族有希望,国家有力量。实现中华民族伟大复兴的中国梦,物质财富要极大丰富,精神财富也要极大丰富。学校作为青少年品德教育的主阵地,锲而不舍、一以贯之地抓好孩子们的思想品德、人格修养,为他们的一生发展提供强大的精神力量、丰润的道德滋养是教育工作者共同的责任。育人必先育德,德育是基础教育的重要组成部分。实践活动是实现优质德育的有效方式。在中小学不断强化实践育人的时代背景下,如何通过精心设计和有效实施提升德育实践活动的效果,彰显活动的育人价值,是提升德育水平需要重点关注的问题。通过多年德育工作与管理工作的观察和实践发现,近年来,校本课程类活动、养成教育类活动、主题教育类活动已经成为扩展育德的重要途径。本章以上述三类活动为线索,通过解读雍阳中学和杨村第八小学的实践活动价值定位、操作流程、活动效果等内容,探究三类活动与提升德育水平的关系,进而扩展与丰富育德途径,为广大德育工作者提供实践参考。

第一节　校本课程类活动育德

　　学校不仅是传授知识的场所,更是传道的地方。学校应该帮助孩子形成健康成长的核心素养、促进区域公民良好道德风尚的整体提升、用自己的角色优势以德育人文化天下。教育工作者应该做精神文明建设的引领者和推动者。为适应新课程改革要求，笔者将天津市雍阳中学与杨村第八小学的做法联系起来，再结合自身办学理念，设计出了一系列独具特色的校本课程活动，扩展与丰富育德途径。

一、天津市雍阳中学研发四个系列校本课程

天津市雍阳中学把"追求卓越，特色育人"作为校本课程建设主题，将基础性课程、创新性课程、拓展性课程三者有机结合，积极开发适应学生年龄、身心发展特点和彰显学校办学特色的校本课程。目前，学校研发的校本课程可以归纳为四个系列：一是科技类课程，包括机器人、3D打印；二是文学类课程，国学经典诵读；三是艺术类课程，包括弦乐团、合唱团、鼓乐队、舞蹈队等；四是体育健身类课程，包括国旗护卫队、篮球、足球、排球、乒乓球、集体舞等。每学期初，学生根据自己的兴趣爱好选择课程，学校制订切实可行的教学方案和科学合理的活动计划，聘请校外专业人士或校内专职教师授课，培养学生的兴趣特长，促进学生全面健康发展。

（一）科技类课程活动

在科技类课程中，学校于2018年实现了校园无线网络全覆盖，所有教学班配备多媒体智慧交互黑板，设有两间常用科技活动室，其中一间为3D打印室，配套十台3D打印机，一台红外扫描成像设备；另一间为创客实验室，主要进行机械原理学习及机器人的拼搭编程。学校科技活动室面向全体学生开放，每年举行教学开放周、家长会、运动会、科技艺术节等大型活动时面向社会开放，参观人次达1.5万人次。

为了让学生关注科学、热爱科学，培养学生的创造性思维和动手能力，学校成立了"机器人创客小队"。这一课程的设置，旨在培养学生能力的同时，对教师也不断提出要求，不断锤炼辅导教师的理论水平和实践能力，打造出

一支精通多学科知识的、善于开发学生创造潜能、培养学生创新精神和实践能力的高素质的指导教师队伍。结合学校实际情况,从信息技术、物理、数学、生物、地理等学科教师中遴选 14 名兼职科普教师。学校定期组织科普教师培训学习和外出学访,着力提升科普教师队伍的整体素质。结合学生的兴趣爱好,组建 5 个创客团队:地理科普创客 1 队——重点研究地理科普知识,组织参与中国地理学会组织的"地球小博士"全国中学生地理科普知识大赛。科技创意设计 2 队——重点研究科技创意设计,参加天津市各类科技创意设计竞赛活动。机器人创客 3 队、3D 打印技术 4 队、信息技术 5 队——合作研究机器人、3D 打印、极速智能车项目,参加全国中小学信息技术创新与实践活动。

"机器人创客小队"每周五下午第二节课是学生活动时间。在创客教室里有专用科技教室配套设施,包括机器人套件及其相关设备、乐高机器人的原件及配件、供学生们进行编程使用的电脑、入门编程小车及主板、风力仿生机械兽、机械传动原理组装套件、阿尔法春晚跳舞机器人、机械传动模型、七星虫少年派人形机器人、七星虫仿生鱼、七星虫六足蜘蛛机器人、七星虫仿生机器人手掌等。经过两年的活动尝试,已经证明该项目对学生理解物理知识、尝试简单计算机编程、了解常用机械加工等方面有着明显的优势。教学方式灵活多样,学生在"做中学、玩中学"的过程中对自然科学产生浓厚兴趣。

学校定期举办"科技艺术节",展示科技成果。连续举办三届以"科技与艺术辉映,青春与梦想同行"为主题的科技艺术节,以"着力打造校园文化,培养学生审美情趣、动手能力、艺术修养、科学素养,增强合作意识"为宗旨,全方位、多角度展示办学成果及雍阳学子的智慧与才华。

加强校际交流,参与教研展示。2018 年 5 月 15 日,"武清区信息技术学科首届创客与机器人教研展示活动"在天津市雍阳中学举办,信息技术教研员李德强老师和信息技术学科兼职教研员、中心组成员、骨干教师等 30 余人参加了本次教研展示与观摩活动。2019 年 10 月 31 日,学校科技辅导员一行

5 人前往北京市通州区玉桥中学，参加该校"科技强国，智创未来"第三届科技嘉年华活动。2019 年 12 月 13 日，学校组织部分干部教师参加由天津市科学传播基金委员会、天津市青少年科技中心在国家海洋博物馆举办的科技工作研讨会。

调动全员参与，竞赛取得佳绩。天津市雍阳中学在 2017 年"NOC 大赛"极速智能车项目中，三名同学获国家级三等奖。在 2018 年第十二届"地球小博士"全国中学生地理科普知识大赛活动中，学校荣获"优秀组织奖"，134 名学生获国家级一等奖、二等奖、三等奖，陈佳、高镱航、李博远同学荣获"地球小博士"称号。27 位教师荣获优秀指导教师奖，并被授予"全国优秀科技辅导员"称号。在 2019 年天津市第 35 届科技创新大赛中，李思齐、孟庆昱同学荣获一等奖，杨竣轶、唐卿雅、李青翰、张育嘉同学荣获二等奖，杨浩然、赵禹童同学荣获三等奖。2020 年 9 月，在武清区科协举办的"决胜全面小康，践行科技为民"科普知识竞赛活动中，学校教师郭川、郑文领、胡倩组成的武清区教育局代表队摘得桂冠。2020 年 11 月，在武清区第二届人工智能竞赛，学校代表队设计的"平安医院——小车竞速项目"取得优异成绩；在天津市"第二十一届中小学电脑制作活动"中，邱梓高同学晋级国家级比赛；在天津市"第十八届中小学信息技术创新与实践大赛"中，学校选手入围国家级比赛。

（二）文学类课程活动

在文学类课程中，天津市雍阳中学一直将国学经典诵读活动贯穿学校整体教育教学活动中，纳入课程体系。在语文课堂中，强化诵读、书写、讲解的要求，每周一至周五早晨 7:20 至 7:30 为七年级、八年级经典诵读时间。语文教师带领学生集体诵读国学经典作品，同时指导学生诵读技巧。学生利用课余时间阅读国学经典文化书籍，加强传统文化教育，积极撰写道德日记，净化心灵。2015 年，学校成立了"国学社团"，除了专职语文教师授课外，还邀请社会各界有影响力的人士作为社团活动的兼职指导教师。

（三）艺术类课程活动

在体育健身类课程中,每个年级都拥有一套属于自己的集体舞。考虑到不同年龄段学生的生理和心理发育规律,从 2014 年开始,天津市雍阳中学就开发出不同年级、不同风格的舞蹈,这些动感十足的舞蹈强烈地召唤着学生对舞蹈艺术的热爱。《小苹果》《青苹果乐园》《青春魅力》《青春飞扬》《卡路里》《最好舞台》,每一套舞蹈都展现着一个年级特有的精神风貌。每年新生入学后,音乐教师都会为新生设计舞蹈曲目,利用音乐课和体育课以及活动课时间,指导学生学习。整个年级全员参与,班主任、体育教师协作练习,历时一个月便初具规模。在学校的运动会和科技艺术节的开幕式上,集体舞成为整场活动的亮点,每个年级用独特的方式出场,展示本年级的风采。

（四）体育类课程活动

学校在"健康成长、快乐学习、追求卓越"的办学理念引领下,把落实国家体育课程计划、开展阳光体育运动作为促进学生身心健康发展的根本途径。充分发挥了体育育人功能,通过课程教学、系统训练、特色活动、竞技比赛实现了强健体魄、和谐身心、锤炼品格、砥砺坚韧这个育人目标,形成了独具特色、成果显著的雍阳体育模式。学校通过体育教学、训练及各种竞技活动,一方面帮助学生形成了强健体魄、坚毅品格、拼搏精神以及严格自律、善于合作的美德,促进学生的全面发展;另一方面促使学生敬畏规则,教会学生在规则下协作互助、竞争对抗,懂得尊重队友,也尊重对手,引导学生如何在规则下通过拼搏去赢,同样在规则下体面的、有尊严地去输。

1. 着眼健康,统筹推动

学校在注重学生全面发展的同时,把提升学生体质健康水平和运动技能作为重点培养目标。深入贯彻"健康第一"理念。每年举办体育节、足球、篮球、健美操等单项班级联赛,隆重表彰体育运动先进班级、优秀班主任、体育运动标兵。将学生体质健康水平和体育运动水平与师生考核评优挂钩,鼓励和支持学生们参加体育训练和体育社团活动，形成了浓郁的校园体育氛围。学校是学生健康成长的乐园，学生们在这里获得受益终身的体育技能、体育精神、体育品格和阳光心态。

第一，对标标准，严格落实。对标《国家学生体质健康标准（2014年修订）》(以下简称《国标》)和国家体育课程计划，开齐、开足、开好体育课程。体育教学遵循学生的身心发展规律，激发学习动机、培养体育道德、提高体育技能、提升身体素质。九年级体育课，在落实教学目标、巩固提高七年级和八年级教学成果的基础上，强化体育中考项目的教学和训练，全面提高应考策略和技能。

第二，阳光体育，健康之基。随着健康教育在学校的积极发展，健康第一的体育教学思想也在学校体育工作中发挥了指导作用。阳光体育的发展不仅有利于促进学生的身心健康、培养学生良好的个性品质，还有利于学生德育、智育、美育等素质的培养，有利于学校整体人才培养质量的提升。具体包括以下四个方面：

一是整体设计，阶段侧重。学校对学生三个学年的体育训练进行统筹规划，开展系统训练。每学年的不同阶段、每天的不同节点都会有整体设计、阶段侧重。各学年依据年龄和身体发展水平制定不同阶段训练计划。充分利用冬季长跑、体育课堂、每日大课间活动、早操练习等加强对学生的运动能力训练。九年级下学期，会针对体育中考开展专项训练。由于科学设计、严抓狠练、持之以恒，训练效果明显。

二是磨炼毅力，积蓄体能。天津市雍阳中学是寄宿制学校，早操是促进学生体质健康发展所采取的一项重要举措，成为办学20年来坚持不辍的特色项目，是提升学生体质健康水平和中考体育成绩的有效招法之一。早操长跑训练安排(30分钟)：其中，周一、周三、周五侧重素质练习，通过慢跑后的蹲起、纵跳、开合跳、蹲跳、高抬腿、小步跑、蛙跳、加速跑等训练，磨炼学生的毅力，强健学生的体能；周二、周四侧重耐力训练，通过耐久跑、变速跑等方式，让学生在训练中体会呼吸的节奏变化、体力的合理安排,在疲劳中感受终点冲刺的爆发力、磨砺顽强的拼搏精神。

三是丰富多彩,快乐运动。学校每天上下午各设半小时大课间,开展丰富多彩的阳光体育活动,确保学生每天锻炼一小时。活动中,在认真完成好学生眼睛保健操、广播体操的同时,结合各年级学生实际情况,动静结合、力美协调,不断推陈出新,开展形式多样的强身健体活动,例如,健美操"蜗牛与黄鹂鸟"、十六步、团体操、健身气功"八段锦"等,让学生真正感受到"运动之乐、健康之美"。

四是团队竞技,涵养品性。没有团队竞技对抗就不会培养出团队精神。共同面对失败,携手拼搏去赢,这就是最好的教育。每月定期开展的校园体育竞赛活动,营造了全员体育的氛围,是学生最乐于参与、最享受其中的运动。春季长跑比赛、篮球联赛、足球联赛、拔河比赛、队列广播操比赛、趣味游戏躲避球比赛及每年的体育节等,进一步丰富学生校园生活,提升学生体能素质,提高学生团结协作意识,培养团队精神。

2. 瞄准专项,精准施策

根据《天津市初中毕业升学体育统一测试成绩评定标准》,科学实施初中毕业升学体育考试项目的教学和训练。一是制定并落实好《雍阳中学体育中考三年训练计划》。确保每位学生的体能、技能在不同阶段有所提高。七年级注重对学生进行下肢力量训练,八年级注重上肢和腰腹力量的训练,九年级注重对学生进行专项强化练习。二是科学合理安排授课内容。针对体考项目安排专项练习,将课堂教学与课外练习相结合,加强对50米跑、跳绳、耐久跑、实心球、仰卧起坐等项目的指导与练习。结合训练做好安全教育和心理健康教育。自天津市实施体育中考测试以来,学校的体育中考成绩连续十一年创新高,并居全市前列。2019年满分率高达84.50%。

3. 搭建平台,培养特长

学校关注学生的个性差异和兴趣爱好,为各类体育特长生搭建成长平台。组建了健美操、篮球、足球、排球、乒乓球、田径、跆拳道等多个体育运动队。每个项目分为竞技水平较高的校运动队和专门为发展兴趣爱好的体育社团两种。让每个孩子都能找到自己喜欢的项目，都有展示特长的舞台。激情飞扬、奋勇拼搏，孩子们在运动中健康、快乐成长。通过长期的、科学合理的专业训练，形成较高水平的运动技能，陶冶了乐观坚强的体育性情。近年来校田径队多次荣获区直属校团体总分冠军，校篮球队、乒乓球队、足球队多次在各级各类比赛中摘金夺银。学生集体舞项目在中华人民共和国教育部、中国教育电视台联合制作的系列节目《传承的力量》中进行了展播。

综上，天津市雍阳中学始终以国家教育政策为引导，落实立德树人根本任务，优化课程设置，建立科学完善的课程体系，切实加强学校课程体系整体规划和特色建设，引领学生在高品质的特色课程中，不断锤炼品格，努力促进学生个性化成长，帮助学生在人文底蕴、科学精神、学会学习、健康生活、责任担当、实践创新等方面实现德育水平提升，促进学生全面发展。在今后的发展中，天津市雍阳中学在传承办学历史的基础上，将不断改革创新，砥砺前行，着力打造特色鲜明的"雍阳活动育德模式"，努力走出一条独具特色的育德之路。

二、杨村第八小学构建"三空间活力课程"体系

天津市武清区杨村第八小学秉持"以人为本，追求发展追求卓越"的办学理念，让孩子成长在走向健康、聪慧、高尚的路上，不断实现自我发展和自我超越。学校的课程无疑成为实现这一教育目标的重要载体。自2012年以来，学校在"新课程"理念的指导下，结合本校实际进行了一些探索，构建出"三空间活力课程"体系，赋予了课程新的活力。

（一）"三空间活力课程"体系提出背景

课程建设从"适合"的逻辑出发，适合的就是最好的。教科书遵循教育教学规律，构建了各年级的知识框架，但小小一本教科书远远不能满足学生强

烈的求知欲,好奇心。开学初发放的教科书学生能在几个小时就翻阅完,接下来就是一学期抱着它再读、识记、练习、复习,其间应该有一些教学时间白白浪费掉了,很是可惜,师生们迫切需求学习内容的拓展外延。

　　学生的学习需求高是表象,深层的问题隐藏于学校的课程设置之中。学校执行的课程计划分为国家课程、地方课程和综合实践课程三部分,分科的各门国家课程,使用统一的课程标准、统一的教材。由于学生个体学习差异,很难用统一的教学内容同时满足不同水平的学生需求。要适应每个学校个性的发展,就要通过学校内部的课程改革加以弥补完善。根据学生成长需要,立足学校资源现状,开发能够突出学科特色和学校特色的课程,才会形成学校课程的亮点和增长点。

　　适合的课程要求课程结构是合理的。国家课程与学校特色课程之间的矛盾在于学生在校的时间是一定的,一方的增加就意味着另一方的减少,因此,如何在开齐开足国家课程又不增加学生负担的情况下,为孩子的个性化发展争取更大的空间成了课程重建需要老吕的难题。如何在二者之间找到最合适的"契合点"呢?通过采取学习理论、观测教育对象和提炼教育教学经验等措施,学校把目光聚焦在国家课程上。新课程改革提倡国家课程要"校本化","校本化"就是要根据学校、师生的实际情况灵活地完成,主动开发新课程资源。校本化的背后为课程的丰富留足了空间,因此优化国家课程是首要选择。

　　(二)"三空间活力课程"的构建

　　学校在课程建设中,严格执行课程计划,但各个学科没有完全照本宣科地使用教材,而是对部分学科、部分教学内容进行校本化和优化,努力打造特色学科,微调教学内容。"优化"学校课程与创建学科特色、发展学校特色紧紧相扣,通过融入武清地方特色的本土文化、增加艺体类课程中专项技能的培养、延展语言类学科的学习内容,学科特色彰显,教师乐教,学生乐学。

　　经过梳理学校近几年在课程落实方面的做法,融合时代精神、体现地方色彩、凸显学校特色,学校构建、推进了"三空间活力课程"建设。"三空间活力课程"的第一空间是课程计划规定的课程、课时开齐开足;第二空间是优化后的校本课程;第三空间是包含"五类活动"的第二课堂。三个空间的课程之间相得益彰,将学生的课堂学习、课外活动、健体强身有机结合起来,符合儿童身心发展规律,激发了教育教学新的活力。

1. 第一空间：严格落实天津市课程计划

计划中明确规定了国家、地方、综合实践课程的学科和课时要求,配套了比较完备的教材和辅助性资料,是学生文化学习和素质养成的营养餐,保证开齐课程开足课时,确保课程计划的落实,完成学科教学目标。第一空间课程建设重点抓学校、学科、教师的三级建模。通过学校建模、学科建模、一师一模,提高常态课教学效率,指导广大教师有法可循、有模可依。学校要求教师给予学生自主学习舞台,做到三不讲：学生已经学会的不讲、学生自己能够学会的不讲、讲了学生也不会的不讲。常态课上,教师大力推进学生自主、合作、探究的学习方式,促进学生良好学习习惯和学习能力的提升。

2. 第二空间：自主研发的校本课程

校本课程的开发是学校依据课程计划中的学科内容进行优化而生成的,逐步形成具有鲜明地方特色、学校特色、学科特色的校本文化。校本课程体现了两个思想：一是体现课程计划中提到的学科课程校本化的思想;二是体现了用教材教而不是教教材的活用思想。校本课程既落实了国家规定的基础性课程,又超越了教材。学校依托校本课程,鼓励教师学科创新,努力创建学科特色,形成课程中的校本文化。学校在体育、语文、美术、音乐、德育五个学科领域创编了校本教材,学生每周定期开展校本课程的学习。

第一,开发体育校本课程的原则是"出出汗、开开心、长技能",且要三者兼顾。学校选择了两个球类课程。假想上体育课的时候,出于体能训练要求,老师要求学生去操场跑三圈,其间肯定有不想跑的,如果换个形式,学校开一场球赛,学生们都会主动参与。其中的道理就是球赛是竞技活动,富于游戏性,学生们就会有兴趣,有了兴趣就喜欢学。学校着手将体育学科繁杂的教学内容变为旨在提高身体素质和形成体育技能的球类课程,按照年级水平划分为水平一、水平二和水平三。在一年级和二年级每周专设两课时,三年级至六年级每周专设一课时作为足球专修课,教学内容主要以游戏、对抗、小型比赛为主进行教学。三年级至六年级每周专设一节篮球课:学生小学六年要上足球课160节、篮球课80节,将足球、篮球和体育教学相融合,保证课堂40分钟学生自由地学习和活动。体育课调整以后,学生的运动量明显加大,体育课不出汗的孩子少了,喜欢足球、篮球的学生多了。球场上学生们各个生龙活虎,通过运动他们感受到足球的快乐,篮球的活力,魅力的特色体育课为学生终身的学习和健康生活打下了坚实的基础。

作为国家级足球特色学校,学校注重课程与活动的有机结合。学校开展校园足球联赛,原国家女足主教练蔺新江老师、相关市区级领导应邀参加,联赛不仅包括班级比赛,也包括足球知识竞赛、设计班级足球口号、足球徽章设计、家长足球赛等活动。学校倡导"体验足球,快乐成长"的足球运动理念,通过"足球"这一载体达到"以球育德、以球健体、以球启智"的教育目的。足球课程、足球活动带动了体育学科教学,形成鲜明的学科特色和校园足球文化。

第二,语文学科是课程中的基础学科,具有工具性和人文性统一的特点。语文教学兼顾传承优秀的传统文化和提高学生语文实践能力两大重任,强调语文的学习要以阅读为基础,尤其要扩大阅读量、背诵量,通过积累夯实语文知识基础,提升语文学习的基本技能。学校采取多种方式为学生创设读书环境,积极营造"随手拿书、有空看书、交流说书"的书香氛围。学校各楼层设有厅廊书架,方便学生课间取阅;学校图书馆专职教师负责,全天方便师生借阅图书。学校通过亲子读书、交流飘书、向家长赠书、新书置换、师生读书交流会、朗诵比赛、背诗词比赛、诗词古装表演、建立学生读书成长记录袋等活动形式,推动师生读书活动的深入开展。

　　语文学科在课程目标不变的情况下，增设了国学经典诵读和儿童诗创作两课程。基于此，还开设了独具特色的文学类课程。一是开设传统文化课程，将中华传统美德与社会主义核心价值观有机结合。爱国敬业诚信友善是对公民素养的要求。论语中的"为人谋而不忠乎？与朋友交而不信乎？"做人修养的"温良恭俭让"与社会主义核心价值观是一脉相承的。《大学》开宗明义"大学之道在明明德，在亲民，在止于至善"。可见，青少年教育，社会公民教育的根本宗旨是弘扬良好的品德，完善人格修养，追求高尚情操。利用这些传统经典滋养心灵，塑造道德会让孩子一生受益。配合开展"杨村第八小学书香飘万家，好妈妈读书行动"让家长放下手机加入亲子共读，家长读书会，进而逐渐变得腹有诗书气自华。二是开设"中国家风"课程，让孩子和家长一起整理提炼分享良好家风家规，让家庭美德鼓舞后人、激励他人、温暖社会、薪火相传。小手拉大手，全社会都以传承和创建优秀家风为荣。中华民族也就变得有信仰、有希望、有力量。

　　第三，美术学科依托武清的母亲河——北运河，用说运河、看运河、画运河的方式，辅以美术的色彩、线条、画面，赋予美术课新的内涵。广大师生拿起照相机和画笔搜集运河文化和民俗知识，搜集家乡名胜古迹，临描名家碑帖，将运河文化融入美术的创作之中。孩子们学会了用画笔展现家乡美，诉说家乡情，孩子的作品中内容丰富，题材广泛，孩子们的美术学习已经来源于生活，又超越于生活。每年的艺术节，孩子们都选择一幅自己最满意的作品参加学校展出，学校将优秀作品邮寄日本稻美町五所小学，书画联谊活动已持续了十余年。学校率先实践，将地方文化融入美术教学之中，为全市美术教育教学研究，起到了积极的借鉴作用，同时在国家"十一五"课题"地方文化资源的开发与利用"子课题中也展示了杨村第八小学的美术教学成果。

　　第四，课堂乐器教学具有较大的整合和开发的空间，立足于新课程实验，纵观新课程音乐教材，虽然安排了一定的乐器教学内容，但是为了实现学生学习乐器演奏多样性的教学目标，乐器的学习与应用方面依然需要拓展延伸。这就需要将乐器教学与教材学习进行有效整合，用以提高学生对音乐的理解、表现和创造能力。学校音乐学科率先将口风琴引进课堂，从一年级开始就培养学生乐器演奏的技能。学生从一年级开始学习口风琴演奏，六年下来，每个学生都能熟练演奏简单的曲目。学校器乐教学曾面向全市做观摩展示。音乐学科校本课程的研发，充实丰富了音乐课堂教学内容，提升了音乐课魅力，有效地提高了学生的整体音乐素养。

第五，学校一直把安全作为核心工作来抓，学校充分利用班会课、国旗下讲话、板报、各学科德育渗透等形式对学生进行安全教育，教学生安全常识，提升自救能力；同时结合传统国学教育，学校还提出了加强学生文明礼貌教育和习惯养成教育。结合学校实际，学校召开专题讨论会，研究如何将这些要求细化为具体的教学内容，搜集整理教学资料，挖掘教育资源，研究课程的框架和章节，最后把常用的安全、礼仪知识编辑成《安全知识我知道》和《文明礼仪我知道》两本校本教材，在二年级和三年级中，通过班会课边学习、边实践、边完善，两本校本教材均有效地提升了学生安全自保能力和文明素养水平。

3. 第三空间：实施"五类"活动，拓展第二课堂

"第二课堂"是对"教室课堂"的拓展和补充，根据"三空间活力课堂"的构想，在校园中设计了五类活动作为辅助活动课，实施全面育人的校园第二课堂，作为发展学科特色、学校特色的重要载体，同时也弥补课堂教学在实践性、活动性、综合性等方面的不足。五大类活动包括：体育与竞技、语言与阅读、数学与科学、艺术与审美、劳动与技术。这五大类活动与课程计划中的各级课程门类一致，在学生课表之外的时间参加活动，每周二至周五每天下午分组活动。学生都要全员参与，根据兴趣自愿选组，实行走班制。每人参加一项自己喜欢的活动内容。时长根据活动的内容四十分钟至一小时不等。师资来源于一部分外聘教练和本校教师，每学期都将开设五大类六十多个组的活动项目。

细化的组别设置满足了不同层次学生的兴趣爱好,学生可以自由选课:体育与竞技活动类,以体育竞技项目为基础成立了啦啦操、健美操、足球、篮球、跆拳道、花样跳绳表演、乒乓球、羽毛球、围棋活动组;语言与阅读活动课是以语文、外语学科为基础的拓展和延伸,有播音主持、美文欣赏、国学、英语歌曲、英语情景剧、英语网络班、德语等活动小组;数学与科学类活动课是以科学、数学学科为基础,与学生生活实际紧密结合开设的活动课,有牛顿实验课、数独、数学手抄报、电子创作等课程;艺术与审美活动课是以音乐、美术领域为基础的拓展和延伸,设立了民族舞、拉丁舞、大合唱、小合唱、管乐组、京韵大鼓、版画、瓶子彩绘、盘画、软笔书法、纸立体造型、葫芦彩绘等活动课;劳动与技术类活动课与生活紧密联系,把生活技能的学习引入课堂,开设有茶艺与茶道、面食、烹饪、手工布艺、十字绣等课程。学生们乐学好学,激发了学习潜能,各方面的能力得到了提升。

值得一提的是,杨村第八小学用艺体搭建平台,开发出独具特色的艺体活动。把严格落实课程计划,开齐课程,开足课时,上好每一节课作为创建优质校的主要目标,实现德智体美全面发展。为落实这个目标,杨村第八小学把艺体教育作为一个切入点,为学生搭建全面发展、快乐健康的"多元舞台"。

第一,独具体色的艺术教育活动。建校以来,学校就把艺术教育定位为学校特色,集中体现为音乐教育和美术教育。

音乐教育是学校艺术教育的首要特色。音乐教育是人文学科的一个重要领域,是实施美育的主要途径之一。通过音乐教育可以净化心灵、陶冶情操、启迪智慧、情智互补。既有助于养成共同参与的群体意识和相互尊重的合作精神,又有助于培养学生的爱国主义情怀,增进学生对不同文化的理解、尊重和热爱。学校的音乐教学多年来一直秉承"培养学生音乐素养,追求高效音乐课堂,让学生快乐学习"的理念,在教学中不断实践、不断创新。

器乐教学是提高学生综合素质的重要途径,建校初,音乐组4位教师就尝试把口风琴引进课堂。教师们先后到辽宁、重庆还有天津市的塘沽、宁河、津南等地参观学访,在本校学生和家长中调研。2006 年下半年,学校正式把口风琴这种吹奏乐器引入课堂。多年来,杨村第八小学的音乐教师数次为全区的音乐教师做器乐教学展示课、研究课。她们的课例也多次参加市区级比赛,几位教师的口风琴课例获市区级奖励。其间,她们还承担了区级课题"小学艺术学科体验式教学模式的应用研究",在课题研究的过程中,将口风琴进课堂作为体验式教学模式的一种手段,推出创设情境—感受情境—体验情境的教学模式。学校在 2008 年成立 180 人的口风琴校队,团队多次参加武清区校园艺术节器乐类比赛,校园艺术节的展示,校运会的开幕式,武清区直属小学视导活动的口风琴展示活动等。口风琴教学在全校推广,达到人人能吹奏,大部分同学会表演。器乐教学已成为学校提高学生综合素质的重要途径,成为对外展示必不可少的内容之一。

在此基础上,学校于 2013 年 9 月成立了管乐社团,定期聘请校外专业教师指导教学,管乐队连续几年参加了武清区的校园艺术节,最终获得了团体优秀奖。学校合唱训练一直坚持梯队式的训练模式,校合唱团成员就是从年级合唱队中选拔上来的各年级优秀的合唱队员组成的。合唱队多次参加各级各类展演活动,深受观众喜爱,合唱《金色的安琪》在比赛中获得了市级奖励。2017 年 5 月,学校举办了京津冀合作学校协同发展音乐学科合唱教学展示活动,受到与会领导和老师们的好评。2017 年 10 月,学校合唱团排演的百人诵读《少年梦,中国梦》被教育局选送,参加区委区政府喜迎十九大庆祝活动,演出受到区、局领导的高度赞扬。2017 年 11 月,学校合唱团作为唯一一支武清代表队被区教育局选送参加天津市合唱节比赛,获市级二等奖。

美术教育是杨村第八小学另一艺术特色。我们要全面加强和改进学校美育,坚持以美育人、提高学生审美素养。美术教育是实施美育的重要途径。通过打造健康美育课堂,构建美术学科的"开放—审美"的六段式教学模式:即"创境激趣—开放审美—体验理解—讨论探究—激励创造—拓展延伸",取得了很好的教学效果。此模式面向全体学生,以开放的资源为素材,以训练技能技法为基础,以培养创造思维为核心,以提高审美素养为目标,使学生在开放的学习活动中欣赏美、体验美、探究美、创造美,将教学活动变成师生共同参与、共同体验、共同发展的过程。实现了美术教育以美启智、以美立德、以美健体、以美促劳的综合育人功能。教师们在带领学生学习美术知识,掌握美术技能技法、涵养审美素养的同时,通过开展各种创意美术活动,潜移默化地引领学生形成习惯美、秩序美,品德美、互助美、合作美、爱国美等良好品格,让孩子们在美术课堂和丰富多彩的美术活动中得到美的熏陶,体验成功快乐。

学校共有 5 名美术教师,全组教师团结协作,教学相长,是一支充满活力、学习气氛浓郁的美术教研团队。在历届市区级双优课、展示课、研究课、录像课等活动中作课 50 余节,撰写的论文、案例 40 余篇,均获国家、市、区级奖,有多篇论文和案例在国家、市、区级刊物上发表。学校承担的国家、市、区级课题 5 个,均被评为国家级优秀子课题和 A 级课题。美术组在 2005 年编写武清区第一本美术校本教材《说运河　看运河　画运河》,通过课题教学研究和教材开发,学校的美术教学一直走在天津市、武清区的教学前沿。在市区级教师基本功比赛中多次获奖,教师作品也多次获奖。多次成功组织市区级美术大型活动成果展示、交流、研讨活动,受到各级领导专家、教师们的好评。美术教师立足美术教育教学特色和学生特长发展,每学期都组织校内书画作品交流活动,参与率达到 100%。

学校建有"缤纷童年儿童书画"社团,社团成员经常代表学校参与市区级绘画长卷和展示活动,受到社会各界人士的好评。2014 年编写了《成长的足迹》——杨村第八小学美术教育教学成果画集,成立了版画兴趣小组、素描小组、布艺小组、彩铅画、纸立体、国画书法小组、儿童画小组等。儿童黑白版画已成为武清区和学校特色儿童绘画的代表学校。教师们辅导的学生作品多次在国家级、市级、区级各类美术活动中获奖。在 2016 年 5 月天津市文艺展演中,学校 60 名学生的现场剪纸作品分获得天津市一等奖、二等奖和三等奖。

学校坚持对外开放。十多年来一直坚持和日本兵库县稻美町五所小学进行绘画交流活动，交流作品数现已达到 700 余幅作品，收到日本作品 400 余幅，交流活动加深了学生对国际文化的了解。2007 年 10 月，学校接待日本文化教育交流访问团，展示了教育教学成果。自此启动与日本稻美町五所小学教育交流活动。十多年来学校寄送作品 700 余件，收到日本作品 400 余件，双方每年互致信函，介绍各自学校教育发展情况，双方布置专设展区，展示对方作品。持续稳定的交流活动加深了学生对国际文化之间的了解。2018 年学校学生参加区艺术节现场比赛，6 人获得区级一等奖，并参加市级现场绘画大赛。在天津市剪纸大赛中，学校有 7 名学生获市级一等奖，2 名教师的剪纸作品收录在区博物馆展出。在第二十届"真彩杯"全国少儿美术绘画大赛中，学校共有 30 多名学生分别获得天津赛区一、二、三等奖，优秀学生应邀参加了颁奖典礼。

十年磨一剑，矢志不渝的十四年坚守，音乐、美术教育成果丰硕，六年小学生活足以积淀和涵养出学生懂艺术、会审美、崇尚美、创造美的底蕴和素养。

第二，独具体色的体育教育活动。关于体育教育，学校要树立健康第一的教育理念，开齐开足体育课，帮助学生在体育锻炼中享受乐趣、增强体质、健全人格、锤炼意志。六艺之"射"代表的就是体育。孔夫子在《论语》中说过，"君子无所争，必也射乎，揖让而升，下而饮，其争也君子"。因此，"射"不但是杀敌卫国的技术、劳动生存的技能、更是一种修身养性、培养人格的体育活动。小学体育课一定体现四个要素：出汗（运动量）、开心（趣味性）、技能（学本领）、品格（君子风骨—合作、竞争）。要把体育运动打造为全员参与。

杨村第八小学的体育课程开设了足球课、篮球课和跳绳课。倡导"体验足球，快乐成长"的足球运动理念，通过"足球"这一载体达到"以球育德、以球健体、以球启智"的目标，按低中高年级分为水平一、二、三，一年级和二年级每周两节课，三年级至六年级每周一节课。每个学生都能激发运动的激情，感受足球的快乐,体验足球的文化。2015年学校被中华人民共和国教育部认定为"国家级校园足球示范学校",开展校园足球联赛,做到"班班有球队,周周有比赛,人人会踢球"。

作为武清区"8421"工程篮球特色校,学校还开展了形式多样的训练和联赛。学校安排三年级至六年级开设篮球课,教师从训练基本技能开始,让学生喜欢上篮球,可以掌握基本运球技能,通过班级对抗赛提升技能,培养兴趣。到目前为止,学校已经举行了两届班级篮球联赛。学生们在一次次的比赛中锻炼了身体,培养了坚忍不拔的意志品质,提高了班级凝聚力。2016年、2017年在区级篮球比赛中,均获得全区第五名的好成绩。

跳绳课是学校的又一个特色体育项目。花样跳绳并不是传统意义上的一人一绳并脚跳,而是一种与体操、舞蹈、武术、街舞等多种项目相结合的一种新型的跳绳形式,它有助于力量、速度、灵敏、柔韧、耐力的提高,通过学习和训练培养学生吃苦耐劳和团结互助的精神。跳绳作为学校大课间活动的主推项目,通过自编绳操、花样跳绳及跳长绳训练等教学,学生的身体素质得到提高。校跳绳队的队员通过学习和训练编排出了一整套花样跳绳套路动作,其中包括集体跳、单人跳、车轮跳和交互绳跳,他们在武清区电视台举办的"最棒宝贝·童星才艺赛"中发挥出色,赢得了现场及电视机前观众的高度评价。

作为国球的乒乓球运动是学校坚持多年的传统体育项目,从选才、启蒙训练到正规的基本训练和实战比赛,已形成一套科学的方法。在坚持常年训练的同时,学校又聘请了校外高水平的专业教练定期对学生进行指导。通过多年的训练和积累,学校的乒乓球队已形成了低中高三级梯队。2016年学校被评为"8421"工程特色学校。在武清区"8421"工程学校比赛中,学生获得了女单冠军,男子乙组团体第二名,女子乒乓球队获得全区第三名,周小然在天津市青少年乒乓球比赛中获单打第二名。学生在乒乓球运动中技能得到提升,身体综合素质增强。

杨村第八小学在全面提高学生素质的基础上,努力培养学生各种体育特长,积极发展特色体育活动。将课间操内容进行调整,加入啦啦操自编校操,让全校师生在阳光大课间感受啦啦操运动的活力。2015年学校引入啦啦操项目并将其列入提升学生综合素质的特色项目,2017年被国家体育总局授予"全国啦啦操实验学校"。几年来,坚持走普及与提高相结合的路线,自创推出啦啦操大课间,让更多的学生体验啦啦操运动的阳光活力与多姿多彩;开设啦啦操实验课程,编写专门的啦啦操校本教材,利用体育课进行啦啦操教学实验,探索啦啦操班级化教学新模式;成立E－Star啦啦操社团,聘请啦啦操国家一级教练员利用兴趣课时间和托管课时间开展指导训练。学校利用体育节、艺术节、儿童节,给啦啦操团队搭建展示的平台,支持鼓励学生参加各大赛事,增强学生的参与意识,点燃学生的运动激情。2015年校啦啦操队参加天津市大中小学生啦啦操比赛获得爵士乙组冠军,2016年5月在全国啦啦操锦标赛上夺得公开乙组爵士组亚军,2017年10月参加天津市啦啦操达标赛获花球乙组规定第一名,爵士甲组第一名,爵士丙组第二名的好成绩。

促进学生个性发展的第二课堂,既遵循儿童在基础教育阶段的普遍认知特点,又辅以艺术、生活、竞技类的活动,是学校送给学生在个性发展、特长训练,促进学生综合素质提高等方面的一份自助餐。每年学校都组织第二课堂的成果展示活动,孩子们自编、自导、自演的节目和学生亲手制作的作品都是学校课程建设的成果体现。

（三）课程预设与期待

"三空间活力课程"把握了减负增效的实质,紧紧抓住课程的延伸点,与社会生活紧密结合,对课程做了一系列的微创新,加强了艺体类学科技能的学习,注重德育课程的生活中的运用,语言学科的积累与运用,教学内容丰富,活动内容增加,学生张弛有度,学习也觉得更轻松,真正成为学习的主人。

"为学生设计课程"应该是最理想的课程规划,是课程建设的最高境界,从学校的实际情况看要达到这一高度、这一境界还有一定困难,所以国家课程要最大限度地贴近学生实际,坚持育人为本,尽最大努力促进学生全面发展、整体发展、主动发展及个性发展。每一位教育工作者都应该深入思考"三空间活力课程"体系的育人价值、教材的实用性、课堂教学效率等一系列研究内容，在实践中再努力完善课程体系，继续引领孩子们在智慧、品德修养的道路上阔步前行。

三、双校协同开发思政校本课程

基础教育阶段是学生世界观、人生观和价值观形成的重要时期。随着中国特色社会主义进入新时代，基础教育阶段的思想政治教育工作者迎来了"10后"和"00后"学生群体，这也给思想政治教育提出了新的时代课题。结合习近平主席讲话精神及中共中央办公厅、国务院办公厅印发的《关于深化新时代学校思想政治理论课改革创新的若干意见》文件精神，天津市雍阳中学和杨村第八小学在思政教育方面不断探索创新，转变以往"只唯书"的陈旧教学模式，引导学生树立"不唯上，不唯书，只唯实"的精神，开拓思政育人新途径，开发思政校本课程。这里笔者将天津市雍阳中学和杨村第八小学在思政课方面的有益探索做如下叙述。

（一）构建全员、全程、全方位育人格局，让各类课程与思想政治课同向同行、形成协同效应

习近平总书记指出："思想政治工作是学校各项工作的生命线。"思政课程是系统的思想政治理论教育，而课程思政就是要把做人做事的基本道理、把社会主义核心价值观的要求、把实现民族复兴的理想和责任融入各类课程教学之中，使各类课程与思想政治理论课同向同行，形成协同效应，实现立德树人目标。这里强调的同向同行，实际上是指各类各门课程都要与思想政治理论课一道，坚持正确政治方向，发挥思想政治教育作用，形成协同效应，增强育人合力。

两所学校确立同向同行的课程定位，即牢牢把握思政课程的核心地位，又在课程思政视域下，提倡课程承载思政、思政寓于课程。整合校内各种教

育资源,挖掘其他所有课程的育人价值,实现从思政课程向课程思政育人方式的拓展,构建校本思政课程体系,形成全课程育人环境。

1.明确目标,做好思政课与各类课程的协同,发挥思政课引领作用

两校启动课程思政建设,结合学生思想成长的阶段性特征,采用不同教学方式,突出教学重点。目标是所有课程、各个教学阶段融入思政教育元素,做到课程门门有思政,教师人人讲育人,形成具有鲜明雍阳特色、丰富内涵的"课程思政"建设模式。

2.统筹完善思政课与其他课程的相互衔接与协同

学校既强调学科育人,使各学科在知识传授中强调价值观的同频共振,又强调跨学科融合,将课堂主渠道功能最大化。例如,天津市雍阳中学道法教研组协同语文、音乐、历史、生物教研组深挖各学科的育人价值,实现学科间育人价值。开展国学经典诵读活动,语文教研组组织学生诵读经典,感悟优秀历史文化,节目《离骚,上下求索》多次参加市区级展示活动;开展红色歌曲进校园艺术节展示活动,音乐教研组组织的合唱歌曲《金光西柏坡》《山河无恙在我胸》代表武清区参加市级评选活动;历史教研组以历史史实为背景,在教学中弘扬红色精神,提升学生民族自豪感和自信心。开展"珍惜盘中餐,我们在行动"签名活动,生物教研组倡导节约粮食、光盘行动,加强对学生进行"节约光荣、浪费可耻"的思想品德教育。

3.领导班子以身示范,真情投入

两校领导班子成员充分发挥模范表率作用,以学生为中心,以服务为导向,深入一线了解学生思想动态,以高度的政治责任感和饱满的政治热情带头讲好思政课。学校全体领导班子成员以"弘扬爱国精神 勇担时代使命"为题为学生们讲授思政课,为思政课带来新风与活力。这种双向教育,既是教育学生,让学生更有获得感的过程;又是深刻自我教育的过程,达到进一步坚定理想信念、提高理论素养的目的。

4.多途径、多方式打造一支思想觉悟高、专业技能强的思政队伍

两校通过多种方式，引导广大教师树立"课程思政"的理念，以思想引领和价值观塑造为目标，带动广大教师既要当好"经师"，更要做好"人师"。充分运用学科组讨论、德育师徒传帮带、本学科先锋模范人物的示范作用等手段，开展思想政治教育技能培养。引导教师自觉将思政教育融入各类课程教学；强化思想理论教育和价值引领，充分发掘和运用各学科蕴含的思想政治教育资源。例如：组建家庭教育指导项目组，对班主任、年轻教师、学生家长分级培训；创建书香校园、书香班级、书香家庭，开展"领读者"行动，全面提升教师、家长、学生的文学素养；通过学生会、团总支干部选拔培训，完善学生自助管理。构建教师、家长、学生的立体思政队伍，人人、事事、处处都在推进落实思政教育。

（二）着力营造环境思政育人氛围

《国家中长期教育改革和发展规划纲要（2010－2020年）》强调，要"把育人为本作为教育工作的根本要求""把德育渗透于教育教学的各个环节"。学校充分挖掘校内各项活动的育人功能，通过专题教育、德育实践活动、共青团组织等综合实践活动课程将思想政治教育贯穿于学校教育教学的全过程，发挥"大熔炉"的教育合力作用，让学生在校园各类活动中实现知行合一、学以致用，形成协同育人效应，具体活动见表3－1。

表3－1　德育实践活动领域及相关内容

领域	内容	具体活动
专题教育类	每周一升旗仪式主题教育、班会课主题教育	主题板报、文化墙、宣传展牌、手抄报；"我是新时代爱国者""听党话，跟党走，做新时代少年""读史明智，鉴往知来"演讲比赛活动
社会考察类	爱国主义教育系列互动、社会实践考察活动	航母、南开大学、热带植物园研学旅行活动

领域	内容	具体活动
社会服务类	社区服务活动、养成教育系列活动	"校园环境整治""垃圾分类""光盘行动""美""农耕体验""孝亲学子评选""节约小能手""服务小标兵""劳动小先锋"评选活动
生存训练类	消防逃生演练活动	消防逃生演练活动
军事训练类	七年级国防教育活动	七年级国防教育活动
校园文化活动类	校园艺术节、校园科技节、体育运动会、学生社团	红色歌曲进校园艺术节展示活动、红色电影进校园活动、"我和我的祖国"微电影征集活动
志愿服务类	志愿者活动	"节约资源、保护环境""垃圾分类进社区""知法明宪法宣传教育""学雷锋送温暖,走进和平之君福利院"等志愿服务活动
宣传类	校园网络课堂、校园电视台、学校微信公众号	线上观看活动

资料来源:根据雍阳中学和杨村第八小学的思政课程与德育活动整理而得。

表3-1显示,两所学校有效实现了思政教育与社会实践有效衔接。两所学校以"道德与法治""语文""历史"等学科课堂为思政教育"学习阵地",以"校园网络课堂""校园电视台"为思政教育"活动阵地",以"社会实践活动"为思政教育"实践阵地",多层面、立体化开展思政教育。例如,开展学习实践活动。学生发展部组织思政学习社团、校园电视台小记者社团,通过校园电视台"联播快讯"节目向全校师生宣传思政知识。学校与武清区博物馆、社区党员活动中心合作建立"思政教育实践基地",定期开展实践研学、志愿服务、读书宣讲等活动。再如,学校开展红色电影进校园活动。组织师生观看《我和我的祖国》《金刚川》等爱国影片,通过国旗下讲话、演讲比赛、红色故事会等形式强化教育效果;开展文明礼仪、勤俭节约、光盘行动、劳动实践等主题教育活动,引导学生学习先烈精神,弘扬传统美德,形成良好品格;开展"服务标

兵""劳动先锋""孝亲学子"等评选活动,激励学生争做新时代的"标兵"。

此外,在雍阳中学,每年的七年级建队仪式、八年级十四岁青春仪式、九年级入团仪式给不同阶段学生以价值观引领。校学生干部换届选举迎来七年级新生力量。校学生干部是来自班级优秀群体,他们成为学生自主管理的先锋军和骨干力量,他们是班级干部学习的典范,班级干部又是广大同学学习的榜样,以点带面,层层推进,逐步将行为规范转化为学生自觉行动。校团总支在新冠肺炎疫情防控期间被评为区级五四红旗团支部,校少先大队被评为天津市优秀少先大队。

(三)联结思政小课堂与社会大课堂,形成新型育人格局

学校将思政课堂向校外拓展,架设课内课外、校内校外贯通的"立交桥",形成校内外协同效应,构建"大思政"格局,让社会教育、学校教育相结合,让学习知识与了解现实相结合,提升思想政治教育的亲和力和针对性。

1. 挖掘社会资源的育人功能

思政教育绝不能仅仅停留在课堂教学和校园文化活动的层面,还应以社会为大课堂,广泛开展深入扎实的实践活动。社会实践活动要坚持知、情、意、行相结合的原则。活动的内容要与课堂教学以及学生十分关注的社会问题相结合。学校十分重视对思想政治教育社会资源的活化运用,重视思政课的实践性,把思政小课堂同社会大课堂结合起来,利用武清区博物馆资源、各个社区的党员活动中心以及新东方培训学校等各种资源,通过衔接课程教学、拓展活动形式等方式,充分挖掘与拓展资源中所蕴含的育人功能,使其有效地转化为丰富的课程资源,教育引导学生立鸿鹄志,做奋斗者。例如,雍阳中学七年级发挥武清博物馆作为学校思政实践基地作用,开展研学活动,参观武清博物馆中的历史沿革馆,激发学生爱国情感。从爱自己、爱父母,到爱班级、爱学校、爱武清,在探究武清发展史中培育浓浓爱校、爱家乡、爱国意识,真正理解雍阳文化内涵,在品出雍阳味道的同时,厚植爱国主义情怀。杨

村第八小学六年级运用"模拟法庭"方式实现公民法治教育功能。学校为了促使学生将学习的法律知识融会贯通开展 思政课拓展教学实践活动——模拟法庭。学生按照预设身份着装并分别担任审判长、审判员、人民陪审员、书记员、法警及被告人等相关角色,通过模拟法庭活动,强化实践体验认识,让学生更直观地感受司法的程序和力量,知晓知法、守法的重要性。

2.建设多样化的思想政治教育专家团队

学校整合教师资源,把专家学者、社会知名人士、学生校友以及学生家长等各界人士纳入思政教育体系,以满足学生多样化的发展需求。目前,学校已聘请多位校外辅导员,如天津市中小学心理健康教育指导教师周梅,中华诗词学会理事、中国文字博物馆特聘学术委员黄君,武清区教育局党委宣讲团成员刘业明等;学校也聘请多位家长讲师,组成家长讲师团;学校组织历届毕业生开展"我把我的雍阳时光说给你听"活动。这些校外辅导员和历届毕业生以自己的故事、亲身的经历、动人的讲述、为学生讲授有温度的思政课。

(四)画好思政课一体化建设同心圆

按照中共中央办公厅、国务院办公厅印发的《关于深化新时代学校思想政治理论课改革创新的若干意见》,贯彻大中小学思政课建设"一体化"理念,加强不同区域、不同学段、不同学校思政教师之间的联系,学校与南开大学、杨村第三中学等学校,建立跨地区、跨学校、跨学科的"思政教师共同体""学校联盟协作体"等,体现思政课"一盘棋"思想。

通过各学段思政课的联合,促进思政课教师队伍"术""学""道"深度融合,不断深化大中小学思政课一体化建设研究,发挥大中小学思政课教师教研共同体作用。聚焦如何打通大中小学师资的阶段性阻隔,探索共建、共享、共研模式,有效促进思政课教师"术""学""道"三者的有机融合。

在新时代背景下,通过"学校联盟协作体"使思政课教师转变理念,帮助学生在思政课"学、思、悟、行"上见成效。对此,思政课教师要做到"五个要":

一是要尊重学生、理解学生、帮助学生、服务学生，提升自身人格魅力与学识素养，做到"以德立身、以德立学、以德施教"。二是要注重课堂教学艺术，增强思政课教学的亲和力、吸引力、感染力与可接受性，选择学生喜闻乐见的形式载体，丰富与创新思政课教学样态，寓教于乐，润物无声。三是要讲究实际效果，谨防教学要求"一刀切"。例如，不同学段对于爱国主义教育、责任担当教育、文明礼仪教育、遵章守纪教育、诚实守信教育、勤俭节约教育等系列专题教育可分级要求、分类要求、分步要求、分层要求。四是要坚持以学生为中心，以"真情、真心、真诚"拉近与学生之间的距离，做塑造学生品格、品行、品位的"大先生"。五是要注重发挥学生主体作用，调动学生主动性、积极性，提高参与度、创新度，增强学生责任感、成就感、获得感。

传承与发扬、拓展与探究、思考与实践，雍阳中学和杨村第八小学将继续着力推动思政教育改革创新，以符合学生年龄特点的方式厚植真善美；不断注入时代感，唱响新时代"主旋律"，引导广大未成年人牢固树立"四个自信"；推动学校思想政治教育守正创新、增强思想政治教育育人合力，开创新时代学校思政教育工作新局面。

第二节　养成教育类活动育德

养成教育类活动是提升德育水平的重要途径，在教育教学实践过程中，养成类教育活动育德主要表现在以下方面：

一、基于《学生手册》和《学生守则》开展养成教育活动

无规矩不成方圆。在基础教育阶段，基于《学生手册》和《学生守则》开展养成教育活动是引导和规范学生行为的重要途径。

（一）以《雍阳中学学生手册》强化养成教育，夯实道德基础

天津市雍阳中学秉承德育为先的教育理念，构建良好育人氛围，强化习惯和品德培养，把教会学生做人，作为德育工作的最高追求。通过强化养成教育，夯实道德基础。

一是规范学生日常行为。根据学校寄宿制特点及学生实际，在广泛征求、采纳学生、家长意见、建议基础上，学校制定了一系列科学、完善的学生管理制度，并汇编了《雍阳中学学生手册》，成为学生共同遵守的行为准则。各项管理制度通过校内广泛宣传、班内学习交流、班级德育量化评比、学生会定期抽查等不同的方式和手段得以有效落实。

二是推进学生自主管理。每年九月，学校举行校学生干部换届竞选。对于每一届新当选的校学生干部，德育处定期组织培训会、交流研讨会等，使学生干部熟悉学生管理制度，树立优秀典型，推进学生干部积极参与学生自主管理。校学生干部是来自班级的优秀群体，他们作为学生自主管理的骨干力量，在对各班进行监督检查过程中，成为班级干部学习的典范，班级干部又是广大同学学习的榜样，以点带面，层层推进，逐步将行为规范转化为学生自觉行动。

三是创新学生管理途径。在雍阳中学的每位学生都有管理者与被管理者的双重身份，充分调动学生的积极性。为了让他们都体会到管理者的艰辛，近年，学校实行了值周班轮岗管理模式，用换位思考的方式唤起学生的责任意识，并认识到学生既是制度的制定与监督者，又是制度的执行与遵守者，从内心深处明确哪些是好的行为习惯，哪些是不该做的，从而树立起正确的行为目标，自觉约束行为，自觉坚持良好习惯。

（二）以《杨村第八小学学生守则》体现自主教育、侧重境界提升和行为改善

杨村第八小学在落实《杨村第八小学学生守则》（以下简称《守则》）活动

中,将《守则》内容细化、活化,体现自主教育、侧重境界提升和行为改善。把《守则》变成引领良好品德形成和规范学生行为习惯的抓手,重点是培养学生自主管理的习惯和能力。

一是班长交流机制。每周三大课间,学校会组织 39 个班的班长召开工作交流会。会上班长们总结了一周以来本班同学们的进步情况,查找了不足点,明确下一周努力方向,学生们结合实际提出了很多建设性的意见,经过互相交流借鉴,不断改进,《守则》逐步内化为学生的共同认知,外化为行为习惯,也大大提升了学生自我管理的能力。

二是《日志》自省机制。各班《班级日志》记录内容丰富,包括到校时间、出勤情况、课堂表现、作业完成、校内外纪律、卫生值日等。《班级日志》填写采用全班学生轮流记载的方法,每天值日班长都认真地关注班级的各种细节,一一记录在日志上。放学后班委会对日志情况进行梳理归类,总结反思出做得好的地方及存在的不足,具体到小组及个人,并对存在不足的小组或个人,提出整改建议,监督整改。学生轮流记录《班级日志》,培养了孩子们的责任心和自我管理能力,学会正确地处理问题。每日结合《日志》反省,可以及时发现自己的进步与不足,明确努力方向。

二、基于《评价指标》开展养成教育活动

杨村第八小学将《天津市中小学思想品德发展水平评价指标》(以下简称《评价指标》)作为对学生思想品德发展水平的评价标准。从试行情况看,《评价指标》促进学校德育工作效果明显,家长及师生对《评价指标》广泛认同。施行《评价指标》旨在明理导行,让评价指标引领和规范品德教育。紧扣四个维度(理想信念、公民素养、行为习惯、人格品质)设计鲜活教育活动。通过国家课程、校本课程及特色主题教育活动把评价指标分解落实在每周、每月、每学期。具体如下:

（一）即时肯定，倡美德行

学校开展评选"德行好少年"活动。"德行好少年"奖卡，分大卡和小卡，小卡由学校领导班子成员和科任教师对学生良好行为习惯的即时颁奖，学生积累三个小卡后，到德育处换一个大卡。"德行好少年奖卡"是对学生在校期间所有优秀表现的即时评价，意在激励学生能够自觉自发地践行文明习惯。

（二）阶段达标，互学共进

根据《思想品德发展水平评价指标》要求，紧贴培养指标要素，每月由班主任自己确定一个养成教育主题，每周五上传教育过程的照片或小视频，每周39个班将本班特色行为习惯培养小视频上传到微信班主任工作群中，有学习习惯培养，有生活习惯培养，还有文明礼仪。在交流互动中，老师们互相借鉴经验，共同提高管理水平。

（三）阅读浸润，涵养习惯

第一，给学生推荐阅读书目、帮助他们构建完整的阅读体系。根据朱永新教授的读书建议，确定100本图书，内容包括文学类、科学类、人文类等。学校规定每个年级阅读不同的书目，一年级阅读2万字，二年级阅读3万字，三年级阅读15万字、四年级阅读25万字，五六年级各阅读50万字，共145万字，这是语文课标要求的字数。对学生阅读情况学校定期检查督促，每年评选合格和优秀学生及班级，并下发证书奖励。第二，营造"一课""一角""一架"（即每周一节阅读课；每班一个读书角；每层厅廊一组读书架）的开放式读书环境，丰富学生的读书生活。读书角、读书架上的图书主要由学生捐赠，为鼓励学生捐赠图书，学校采取购买新图书，用一本新图书换三本旧图书，效果非常好，得到学生和家长的大力支持，既为家长节约了资金，让自己的孩子学到了新知识，又达到同学间共同分享图书的目的，可谓一举三得。第三，为让学生和学校掌握学生的阅读情况，为每位学生设置一个阅读档案袋，袋中保留学生的阅读记录表和相关的资料，一直保留至小学毕业，既给学生留下阅读痕迹，又便于学校对阅读工作深入研究。经过实践，大部分高年级学生在两三年内就能达到145万字。第四，为培养学生养成良好的阅读习惯，又开展了"书香飘万家——杨村第八小学好妈妈读书行动"，为家长赠书、指导亲子阅读，目的是通过家长读书进一步影响孩子读书，从而形成教育合力。家长阅读后将自己读后感写在图书漂流卡上，在家长会上彼此交流分享，逐步提升家长的阅读兴趣和家教能力。学校读书活动被中华人民共和国教育部评为落实社会主义核心价值观优秀案例。

（四）诵读经典，明理导行

学校将国学经典诵读与德育工作相结合，结合养成教育平台，国学教育做到"润物无声"。"谁知盘中餐，粒粒皆辛苦"传达了要学生从小尊重劳动人民、爱惜劳动果实的美德；"知之为知之，不知为不知，是知也"教育学生要实事求是，讲求诚信；"己所不欲，勿施于人"指明了为人处世的准则……通过阅读国学经典，让同学们体会到"仁""礼"的重要性，在行为、言谈、举止方面培养自己的高尚品德。学校将国学经典与学校德育相结合，与学生日常行为教育相结合，与学校特色创建工作相结合，与文史教育、艺术教育等学科教学相结合，与中华传统节日、民风民俗、社会实践活动、家庭教育相结合，与校园文化建设相结合，努力让国学经典浸润每一位学子。

学校从2013年开始，在学生中开展古诗词诵读活动。规定每个年级每个学期背诵一定数量的古诗词，古诗词背诵分阶段每年完成目标后，学校颁发证书鼓励达标的学生和班级，证书由学校师生共同设计，既美观又有意义。实践发现，坚持经典诵读能够帮助学生明白做人的道理，涵养美德，提升境界。为了让优秀传统文化的理念和内涵真正扎根于每一个人的心中，积极推动社会主义核心价值观进课堂、进家庭、进头脑，真正融入教育全过程，从2015年暑假后开始，学校将《弟子规》作纳入校本课程体系，把知行合一，明理导行作为课程的首要目标。把学生的良好行为习惯培养作为着力点。通过试行，他们不但会背诵，更重要的是文明行为习惯逐渐形成。

三、家校联合共建活动

家庭是一个人一生中参与最早和参与时间最长的场所。家庭给予青少年生活水平的保障和情感的安抚,为其以后的发展提供最重要的基础。在学生成长过程中,如果没有家庭的参与和支持,必定会影响学生的全面发展。因此,只有促进学生与家庭的相互沟通,增强学校与家庭的合作与共建,形成合力,才能促进学生的全面发展。家校联合共建活动具体包括:

(一)家长培训会活动

学校健全家校联系制度,搭建家校互通互动平台,形成家校教育的合力,促进学生和谐发展。杨村第八小学特邀国学畅销书作家王月星老师为全体一年级家长和老师们做了主题为"《论语》中的家庭教育智慧"家长培训会。这次课程教师和家长领略了先贤家庭教育之道,总结了家庭教育经验。家长们纷纷表示,努力做到家校教育的一致性,共同培养学生。

(二)家长进校园活动

在"教育开放周"活动中,杨村第八小学主动邀请学生家长和社会各界人士走进校园、走进课堂,展示广大师生的精神风貌、办学成果、新建校园文化、校务管理。学生家长进校听课观班,感受教师和学生日常的工作和学习生活。学校广泛征求家长们对学校各项工作的意见建议,共收到家长留言113条,对有利于学校发展的意见建议,学校积极采纳。

(三)与天津市妇女联合会联合开展"家庭成长课堂"活动

杨村第八小学参与并受益于武清区妇女联合会推进的"家庭成长课堂"。学校很多家庭参与了"家庭成长课堂"的第一期活动,成为第一批受益者。通过听专家系列讲座、参与丰富多彩的亲子活动以及后续的专家微信群讲座、实时互动、答疑解难家长们被引爆学习热情。很多家长给学校发来学习感悟。可见家庭成长课堂在家长心中的分量有多重。人生百年立于幼学,小学正是人生三观确立的关键期,需要着力引领和指导家庭教育,让家庭教育和学校教育形成合力,这样的教育才会更完满更健康。

第三节　主题教育类活动育德

笔者在天津市雍阳中学和杨村第八小学这两所学校担任校长以来,一直本着事事关德育的原则,将国防教育、志愿服务、感恩教育等主题按月分布、巧妙融合、贯穿始终。同时,结合体育节、儿童节、感恩教育大会、毕业典礼仪式等重大节日和活动,让学生在活动实践中感悟教育。

一、天津市雍阳中学搭建"国防—志愿—研学"主题实践活动体系

育人为本,德育为先,天津市雍阳中学积极探索育人模式,增强全员德育意识,提高了学生文明生活的基本素质,培养了学生良好的行为习惯,增强了学生接触社会的基本能力,促进了学生在生活上的自理,行动上的自律,心态上的自控,情感上的自悦,以达到最终促进学生品行全面发展的目的。雍阳中学搭建了"国防—志愿—研学"主题实践活动体系,实现了主题类教育活动育德的目标。

（一）国防教育活动

学校坚持以爱国主义教育为主旋律,以价值观教育为核心,以优秀传统文化为引领,以实践课堂为平台,以养成教育为切入点,扎实开展丰富多彩的活动,让学生在实践中接受教育,体验成长快乐,内化为自觉行为,提升学生的道德修养。组织爱国主题教育活动,坚定理想信念。每年为期一周的新生国防教育夏令营活动,部队教官与学生同吃、同住,强化学生的爱国主义教育、国情教育与国防教育;七年级建队仪式、八年级十四岁青春仪式、九年级

入团仪式给不同阶段学生以价值观引领;学"四史"活动、"十九届五中全会精神宣讲"活动、"红色电影进校园"活动等,提升学生思想政治素养;时代好少年、美德少年的评选让全体学生们争做"行为的高标,实践的典范"等。丰富多彩的主题教育活动培养了学生爱家、爱校情感,坚定理想信念,明确责任使命,树立报国之志。

值得一提的是,学校基于"四史"组织了以系列主题教育活动,成为爱国教育活动的特色亮点。

为贯彻落实关于党史、新中国史、改革开放史、社会主义发展史学习的重要指示,持续深化爱国主义教育,聚焦立德树人根本任务,厚植爱国情怀,激发广大学生爱党、爱国、爱学习的热情,雍阳中学从主题教育、主题学习、主题实践三个层次,组织学生开展学"四史"学习教育系列活动,引领学生学"四史"、知"四史"、明"四史"。

第一,"学'四史',守初心",践行主题教育。以思政课堂为载体,开展"四史"学习教育。通过历史与现实的勾连,增强思政课的亲和力、时代性和针对性,增强学生对中国特色社会主义道路、理论、制度和文化的认识与理解,从而做到知史爱党、知史爱国。

在学习九年级《民主与法治》这一单元"我国民主发展的历程"时,教师为学生播放短片《民主的足音》,生动展现1840年到1978年改革开放后,我国对社会主义民主不断探索的历程。以中国共产党人为代表的先进分子坚持信仰、秉持初心,为革命事业做出了巨大牺牲。这是"四史"学习教育的生动教材,也是思政课的最好教材。

第二,"学'四史',担使命",丰富主题学习。开展学"四史"主题讲座,学校历史教师国云龙担任活动主讲人。国云龙老师曾担任武清区委、区少工委举办的"新时代文明实践系列活动"志愿辅导讲师,为全区少先队员代表讲解学习"四史"的目的和意义。发动广大团员利用"在党旗下成长""青年大学习"网络教育平台学习"四史"知识,让学生坚定理想信念,明确责任使命,树立报国之志。同时为了更好地让学生理解"四史"，学校组织开展"红色电影进校园"活动，组织全校学生观看《我和我的祖国》《路》等爱国教育影片。

第三，"学'四史'，善作为"，开展主题实践。新生入学及国防教育夏令营活动、行为规范养成教育系列活动、勤俭节约主题教育活动、"光盘行动"主题教育活动等，培养"行为规范、品行端正、刻苦求知"时代骄子。

七年级建队仪式、八年级十四岁青春仪式、九年级入团仪式给不同年龄阶段的学生以价值观引领。时代好少年、美德少年的评选，促学子们争做"行为的高标，实践的典范"。"以史为鉴，不负韶华"国旗下讲话，师生同台，抒发爱国之情，报国之志。比如，七年级思政社团组织开展"学'四史'演讲比赛"，在知行合一中增强学生历史使命感、社会责任感，培养家国情怀。组织学生小记者参观社区居委会，切身感受身边的民主生活，培养社会参与意识和公民责任感。

回首来时路，展望新征程。学四史，以史为鉴，坚定理想信念，筑牢信仰之魂，在反复磨砺的过程中、在知行合一的实践中厚积薄发、砥砺前行。每一位雍阳学子都会用热情洋溢的青春之我、奋斗之我，勇担时代使命，书写人生华章。

（二）志愿服务活动

天津市雍阳中学自建校当年组建"志愿者服务队"，党员教师全员参与，每学年初开展纳新工作，现有学生志愿者200余名。在校团总支的组织下，每学期开展两次培训活动，每月开展一次志愿服务活动，每学年末举行志愿者表彰仪式。多年来，志愿者团队本着"奉献、友爱、互助、进步"的服务精神，组织开展敬老、护幼、助学、环保、科普、文化宣传等志愿活动。

每年志愿者们都带着学习生活用品来到天津市和平之君福利院帮助打扫卫生，与小朋友互动游戏；2019年，志愿者多次深入社区，开展了垃圾分类宣传和模拟投放实践活动。志愿活动展现了雍阳中学学生"好修养、高素质、讲奉献、有担当"精神风貌。

值得一提的是,在新冠肺炎疫情防控期间,在校党支部的带领下,校团总支完善了青年志愿者组织机构建设,不断创新管理机制和服务机制,开展了"两毒并禁,春暖人心"禁毒宣传教育服务活动,青年教师志愿者网上在线答疑,学生团员参与网络交流互动,为防控、禁毒构建阻击防线。面对疫情,校团总支第一时间响应党支部号召,做好疫情防控工作安排与督促,强化团员思想引领,提高青年担当意识,动员组织团员青年有序参与疫情防控工作,发挥先锋模范作用。

学校党支部发出为抗击疫情捐款捐物的倡议后,青年教师、共青团员纷纷响应,利用微信、支付宝等平台向武汉市慈善总会进行线上捐款,他们用实际行动表达抗击疫情的信心和决心。全体教师累计捐款29900元,全体学生累计捐款242669元。同时,部分学生还通过多种渠道向有关部门捐赠疫情防控物资、生活物资等,总价值20340元。

开展"温暖在线"社区服务行动,青年教师志愿者们访慰在学校就读的12名来自武清区抗疫一线医务人员子女,为他们送去新教材及一些生活必需品,详细了解学生在延期开学期间的学习和生活情况,青年教师用行动彰显同心战"疫"的青春担当!

天津市雍阳中学团总支与武汉市汉铁初级中学团支部联合开展团队活动。学校的八年级八班和武汉市汉铁初级中学八年级十二班共同举行"共抗疫情,爱国力行"主题教育活动之"汉雍同心,砥砺前行"云主题班会。两个地区的学生们借助网络相聚在一起,共话两地疫情,共谈身边的抗疫故事,共同分享了精彩感人的新闻快报,展示了一幕幕"一方有难、八方支援"的大爱壮举。

激励广大团员青年迎难而上、迅速行动,认真履行职责使命,为疫情防控工作多尽一份力。团总支组织青年教师积极参加无偿献血公益活动,6名青年教师自告奋勇,他们用爱心表达众志成城、共抗疫情的决心。

在"防疫复课演练"活动中,青年教师冲锋在前,他们把老教师和学生安危放在心中，把防控责任扛在肩上，用扎实的工作筑牢校园安全屏障。自大年初一，3名团干部自愿停止休假，不辞劳苦，不惧风险，坚守在疫情防控工作岗位上；白天报数据、授课，中午在线答疑、组织团队活动，晚上备课、做数据汇总，已成为他们基本的工作模式，哪里有困难，哪里就有团员青年的身影。学生团员们用手中的笔书写出一篇篇优秀文章在网络上发出，为逆行的英雄们送上祝福，为抗击疫情助力。

（三）研学实践活动

研学实践活动是天津市雍阳中学的一项特色德育活动。每次研学活动，学校都深入到教育基地进行调查研究，充分挖掘教育资源，将当地的风土人情、历史文化与学校特色活动、学科教育有机整合，制定出详细、合理、独具特色的研学方案，并面向全体学生发放研学手册。

2017年，学生在实践基地亲自种植、栽培太空作物。2019年6月，学校组织了"走进南开大学"研学旅行活动，在南开校园，借南开厚重的历史文化激发学生民族自尊心和自豪感，用学生对高等学府的向往来开启雍阳中学学生梦想之门。在中华人民共和国成立70周年之际，寻着爱国足迹，10月10日学校开启了相约爱国主义教育基地——天津滨海航母主题公园的研学之旅。让学生们近距离感受到军事科技对战争的巨大影响力，帮助学生形成正确的国家安全观，树立军事强国思想，激发热爱科学、积极探索、刻苦学习的动力和创造力，将爱国主义情怀厚植在每一名学生的心底，坚定了学生们砥砺前行、立志报国的理想信念。

学校还开拓多种教育渠道，营造良好的育人氛围，贴近未成年人思想实际和生活实际，使学校在未成年人的思想道德建设上取得显著成效，赢得了社会的广泛赞誉。

二、杨村第八小学搭建"校内—校外—家庭"主题实践活动体系

学校在落实"实践课堂"这项工作中,落实的参观体验类和志愿服务类较多,这两类实践活动具体分为校内实践、校外实践、家庭实践,整体形成"校内—校外—家庭"主题实践活动体系。

（一）校内实践活动

在校内实践中,注重基本的生活劳动技能教育,师生共同打扫校园的楼道、教室、厕所等,低年级教师手把手教孩子干活,引导培养学生的劳动意识和责任意识。同时,在校园东北角开辟校内"绿篱生态园"学农基地。基地内种上豆角、黄瓜、茄子、辣椒、土豆、萝卜、白菜、葫芦、白薯、倭瓜、冬瓜、芹菜、韭菜、玉米 14 种蔬菜和农作物。基地为每个年级都划分了责任区,学生在劳动老师的带领下,亲自体验锄地、拔草、种植蔬菜等各项农作活动,学习种植以及养护的方法;利用课余时间,组织学生进行观察,写观察日志,利用观察日志开展帮助植物生长的活动。基地内蔬菜和农作物的种植在农技师傅的指导下,学生全程参与,在劳动中,学生增长了见识,初步学到了农业劳动技能。精心护理下的小菜园,四季常青,果实累累,它也是师生习作、写生、劳动、观赏的重要基地,成了校内一道靓丽的风景线。

（二）校外实践活动

在校外实践中,定期组织少先队员们到颐安西区、松鹤园社区两个定点活动基地捡拾白色垃圾,擦洗公共设施;向市民积极宣传市民守则和核心价值观内容,在商场门口向来往居民宣传《武清区市民文明公约》《武清区市民行为守则》,为提升武清区公民素质做贡献;走进特殊学校和敬老院,用歌声为孩子们带去欢乐,用劳动使他们的环境更优美;节假日,队员们在教师的带领下到福利院做义工,和小伙伴一起学习游戏,赠送文具图书,共同体验成长

的快乐;带领学生走进警营,和特警亲密接触、了解警用设施设备满足了他们的好奇心。

(三)家庭实践活动

在家庭实践中,引导孩子帮助父母干一些力所能及的事情,劳动不在于一次干多少,贵在坚持,养成为家庭尽责的意识。此外,学校正在计划调查研究类和技能训练类实践活动,意在全面促进学生的社会实践能力。

(四)联合实践活动

1.特色阅读活动

开展多种特色阅读是实现"校内—校外—家庭"联合实践活动的重要抓手。众所周知,学生认识世界、增长见识、形成人文素养需要阅读。学校鼓励学生在小学阶段多读书、读经典,丰富自己的课余文化生活。

做法一:每天家庭作业是在思考中读书 10 分钟至 20 分钟。

做法二:向学生推荐朱永新教授研究的阅读书目,内容涵盖文学类、科学类、人文类,从不同角度浸润学生的人格,培养学生的读书兴趣。

做法三:营造"一角""一架""一座"(即每班一个读书角,每层厅廊一组读书架,图书阅览室一个座位)的开放式读书环境。

做法四:为每个学生建立读书档案,一直保留至小学毕业,留下阅读痕迹(总目标 145 万字)。

做法五:用奖励新书的方式,鼓励学生捐赠旧图书,用以补充书架上的图书,既节约了学生购书资金,又达到了分享的目的。

做法六:结合阅读,指导学生写儿童诗。学校创建了"春芽青青"儿童诗社,开通了诗歌博客,鼓励孩子们在网上晒作品,每学年举办一次儿童诗歌朗诵大会。

做法七:实施古诗词诵读计划,分年级完成目标,对达到标准的班级和学生个人进行奖励。

做法八:开展"飘书"活动。学校每年都开展"书香飘万家——好妈妈读书行动"的活动,将自购图书赠予家长,家长读后写心得。

以上做法坚持做,读书已成为学生的学习习惯,学生对文字的理解能力大幅提升。

2.心理健康教育活动

阳光心育是杨村第八小学常年坚持的一项面向全体师生的心理健康辅导工程。2015 年学校依据《天津市中小学校心理健康教育示范中心建设标准》对心理咨询中心进行了改扩建,进一步完善了硬件建设。心理咨询中心设置了个体心理咨询室、团体辅导室、沙盘活动室,购置了学生心理测评管理软件系统、心理团辅游戏器材等,升级改造成为了设施齐全、功能完善、环境温馨的心灵家园,为师生的心理健康成长提供了更舒适、更优质的物质保障。

心理咨询中心运用心理测评管理软件采集学生一手信息,建立学生心理教育档案,科学测量评估,筛查问题学生,并及时干预或转介,保障了全体学生心理的健康发展。学生心理健康档案从纵向看,反映出每个学生心理成长的轨迹,便于学校和教师监察学生的心理发展变化;从横向看,反馈了学生存在的共性心理品质问题,促进教师更新教育观念,改进教育方法,创设良好的心理教育环境。

学校定期组织"525 心理健康周"系列活动、趣味心理运动会、观看心理电影、学生心理健康讲座、低年级的"优点大轰炸"、中高年级的心理自画像、护蛋行动、心理沙盘游戏等活动,针对认知、自我意识、人际交往、情绪情感、学习心理、意志品质、青春期特点、潜能开发八个维度全面而递进式地开展活动。学校利用家长会、学校网站、微信公众平台、家庭教育讲座等形式,对家长进行心理健康知识的普及和宣传,引导家长了解孩子,并学会从心理健康的角度关注孩子的发展,家校共育孩子健康心理。

第四章 建设温雅的学校文化

文化是民族的血脉,是人民的精神家园。文化自信是更基本、更深层、更持久的力量。一个人不管学历高低,当走出校门若干年后,沉淀在骨子里、外显为行动方式的规矩意识、公德意识、孝善、责任、担当才是真正的文化。对于学校而言,建设温雅的学校文化是实现教育现代化的重要内容,而教育现代化也为学校文化建设带来了契机和挑战,一场以学校文化为核心的教育改革正蓬勃兴起。俗话说:"一个好校长就是一所好学校。"正是富有创造性的教育先行者创造了丰富的学校文化,精心打造出无数特色鲜明,独树一帜的学校文化。学校应当顺应潮流,以教育现代化为突破口构建学校文化,厘清文化建设的新思路,建设温雅的学校文化,实现学校文化建设的再出发。

第一节 建设富含育人元素的空间文化

真正美好的教育场所是师生亲自创造的,可触摸、能互动的空间,更是美好故事发生的地方。因此,学校建设富含育人元素的空间文化已经成为全面构建书香校园的重要途径。

一、杨村第八小学：校园因细节而温暖

学校一直坚持改善教育环境，提升学校空间文化：自 2010 年 9 月现代化达标后，学校又累计投资 50 余万元，更新完善了教室多媒体设备、楼层院区监控系统、联网报警和无线报警系统、操场广播系统；五楼艺术中心增添展板 30 块，美术教室增添绘画用工作台 26 个，各楼层增加书架 8 组。校舍外延重新粉刷、楼顶重做防水，操场、篮球场围网重新维修粉刷；安装监控投资 20 余万元；图书总计 54724 册，人均图书 35 册，充分满足了师生和家长阅读的需求；学校工作纳入信息化管理轨道，建立了自己的门户网站，内容丰富且能及时更新，动态反映学校发展，同时建立了学校资源库，实现了资源共享，还为校长、教师人人建立网络空间，各班建立班级博客，拓宽了教师、学生、家长间的交流平台；为学生上、放学划分专用的路线，实行人车分流，校门前安全有序，成为校园的一道亮丽风景线。

学校的每个楼层主题鲜明的环境文化都是由教师们亲手设计、布置。无声地传达着传统文化、习惯养成、安全教育、心理健康、艺术等与学生成长息息相关知识养分，营造出主题鲜明的环境文化，每层楼突出一个主题。从传统文化到身心健康多角度对师生进行文化浸润。五楼艺术中心集中展示学生绘画、书法作品。展示区、楼道、专用教室的每一面墙、每一方地都充分发挥其育人作用，进而打造出一个秀外慧中、和谐温暖的魅力校园，营造出富含育人元素的空间文化。其中，独具特色的空间文化集中体现在以下方面：

（一）校门造型

首先映入眼帘的是造型独特、构思巧妙的校门，它似一艘乘风破浪的航船，启迪孩子们要力争上游，用自己的才智和勇气在知识的海洋里尽情搏击与扬帆。

（二）宣传橱窗

宣传橱窗是营造温雅的学校文化的重要途径。第一，结合创建文明城市的工作要求,校门口两侧设计安装了宣传橱窗八个,以"武清区文明校园公约""未成年人思想道德建设公益广告""讲文明树新风公益广告""图说我们的价值观通稿",《中小学生守则》和《小学生日常行为规范》为主题的宣传橱窗,内容定期更换,使学校的教育方式更具体化、多样化。第二,大台阶两侧、体育馆楼前设有"图说我们的价值观通稿""未成年人思想道德建设公益广告""区域原创公益广告"宣传,展示了学校办学特色和所获荣誉,增强学生的荣誉感、获得感与幸福感。第三,在楼道中,左侧是唐代诗人孟郊的《游子吟》,"珍惜才会拥有,感恩才会天长地久",愿孩子们把这首永远记在心中,学会感恩,学会回报,母爱就在你们身边,要学会珍惜、珍爱、珍重;右侧是《论语》的节选。在老师的指导下,学生们理解每句的内涵,指导自己行动,学会学习,学会为人处世,从小培养良好的行为习惯,争做文明守纪好少年。

（三）生态园

校园的东北角是杨村第八小学独具特色的生态园,学校因地制宜,将东侧空余土地开辟为种植试验基地,每班设有种植区,种植不同的蔬菜,如西红柿、黄瓜、萝卜、茄子、白菜、青椒等20多种蔬菜。通过亲手种植,学生们能说出一些蔬菜、农作物的名称、生长特点等,能初步掌握种植的方法。生态园不仅为孩子们提供丰富多彩的课余生活,也为学校的绿化增添了色彩,同时也为孩子写作提供了素材,在写作的过程中孩子们体会劳动的艰辛,感受"一分耕耘一分收获"的道理,从而懂得珍惜和分享成果。

（四）大台阶

学校的大台阶象征着学生的"成长之梯",这里共32个台阶,之所以被学校誉为"成长之梯"是源自"学如弓弩,才如箭镞。识以领之,方能中鹄"典故,寓意学生立志做有见识、有学识、有才气的好少年。

（五）中楼梯

中楼梯象征着"知识之梯",背景图是教学楼,九行大字选取《少年中国说》的九句："少年智则国智，少年富则国富，少年强则国强，少年独立则国独立，少年自由则国自由，少年进步则国进步，少年胜于欧洲，则国胜于欧洲，少年雄于地球，则国雄于地球。"教学楼与"少年中国说"的结合，鼓励青少年发愤图强，为了祖国的未来，肩负起建设中国的重任。实现理想需要知识，少年学生要用掌握的知识、实践和创造去开拓世界。

（六）图书角

学校一直秉承用书香浸润孩子的心田，为梦想注入涓涓细流，以书益智，打造书香校园的理念，在每层楼的中厅开设"小小读书吧"共摆放图书 1200 余本。这些图书更多是来自学生的捐赠，每人奉献一本书，学校就分享几十本书。学生通过课间休息阅览图书，增加了课外阅读量，扩充了许多课外知识。

（七）艺术中心

艺术中心的整体设计和色调都以温暖快乐为理念。学生们的艺术活动主要集中在这里进行，这里打造成了艺术乐园，他们在艺术乐园中感受温暖和成功的快乐。整个楼道用五线谱把音乐活动区和美术活动区连成一个整体，音乐活动区在五线谱上跳跃的是乐器和音符，美术活动区的五线谱是学生喜欢的绘画图案，一方面让孩子们感受快乐的元素，通过五线上的图案就知道教室的功能，同时也寓意学校的艺术教育通过师生的努力会不断谱写出新的乐章，不断创造新的辉煌。

艺术中心的中间大厅是童画童乐艺术中心，这里是展示学生艺术活动成果的场所，包含了四个板块：一是美术教育教学成果展示板块；二是艺术星空板块，展示学校的艺术小童星们的简介和她们的艺术作品；三是中日书画作品交流板块，是学生和日本小学生进行书画交流活动的展区；四是整个大厅周围是学生创作的绘画作品和剪纸艺术作品。

中间的两根大柱子根据学校艺术社团而设计，海之韵合唱团和缤纷童年书画社团,寓意学校的音美儿童艺术社团是充分发展和提高学生的个性特长,培养新时代高水平的艺术人才。

大厅西侧主要是音乐活动区,包含了舞蹈、合唱、智能音乐等教室,楼道墙设计了两个展示活动板块:板块一是梦想从这里出发,用于展示交流学校的音乐教育教学活动比赛等;版块二是艺术明星,展示具有音乐特长的小童星简介及获奖等情况。教室外墙上的装饰都是与儿童音乐相关的墙画,营造快乐的音乐氛围元素。

大厅东侧为美术专用教室,教室里都设计单独的小展区,用于学生交流课上的绘画作品。东侧的艺术长廊还即将悬挂100余幅孩子们亲手绘画的作品,营造学生的主人翁意识,以"学生为中心"建设温雅的学校文化。

二、天津市雍阳中学:可以触摸出温度的校园

一直以来,天津市雍阳中学通过提升校园文化建设水平,打造具有"雍阳精神"的文化元素,用校园文化引领学生"雍阳"气质,增强学生文化自信,培育时代精神,提升学生的思想道德水平。

(一)主教学楼

主教学楼正中"我是学校的骄傲"的校训,充满豪情、催人奋进;图书馆上方"健康成长,快乐学习,追求卓越"的办学思想,激励着每一名雍阳学子。教室里,板报内容聚焦时代热点,文化墙上展示学生才华。楼道内,学生的书画作品彰显雍阳的文化自信;书架上都摆满了各类书籍,学生可以利用课余时间自由借阅。

(二)校园

校园内三块大幅LED电子显示屏滚动播放《雍阳一日生活》《学生实践活动风采》等学生活动视频及修身立德的格言警句。独具特色的校报、《雍阳新绿》校刊及校园电视台、校园广播站、校园网站更为校园文化增添异彩。学

校微信公众号随时推送师生活动及办学成果。校园内外书香飘溢,传统与现代交织的校园文化氛围熏陶着莘莘学子。

第二节　建设富有温度的制度文化

科学的管理制度是学校可持续发展的基础。然而,倘若片面强化管理,忽视了人性的关怀,往往会适得其反。很多校长慨叹管理之难,试图探究管理的万灵药。有的"精细化管理"的经验认为,学校应该处处皆制度,事事有约束。有的校长甚至推崇"制度是块钢,谁碰谁受伤,制度是块铁,谁碰谁流血"。其实,制度既不应是"钢"也不应是"铁",而应该是启迪和引领教师前行的"导航"。

一、探究富有温度的学校管理制度

富有温度的学校管理制度在制度文化中的具体体现是设计、制定并实施一系列以人为本的学校管理制度。具体而言,学校管理制度要从学校的发展和教师专业成长出发,关注教师需求,诚心诚意为教师服务,为教师实现人生价值创造空间,是具有时代特征的管理理念。

（一）理解尊重、知人善任

理解尊重、知人善任主要包含两个方面:一是把教师当"凡人"。凡人就难免会犯错误,校长要学会全面看人、用发展的眼光看人。这样才能够赢得教师的尊重和信任。领导者的宽容和鼓励必然会转化为教师成长和进步的动力。二是用人所长。把每一个教师都看作是一个可以开发的能动因素,要善于发现、放大和利用他们的优点,发掘每一位教职工的创造能力,放手让其实践,并及时肯定每个人的有价值工作,点拨、提示其低效能的劳动,促使其不断自觉完善。这样,每个教师的智慧和才干就会得到充分发挥。

（二）营造和谐氛围，唤起归属感

作为社会中的人，每个人都有归属的需要。教师都希望自己从属于学校这个群体，希望得到领导的信任。因此，领导就是营造这种氛围的核心人物。校长以公正的态度对待每一位教师，使教师在学校里有一种安全感，这对教师的身心健康和激发工作热情都有积极作用。校长要把关心教师的工作做在细处、做在实处，要善于及时了解教师工作生活中的困难，准确掌握教职工的思想动态。无论是教师家里的婚丧嫁娶还是思想波动起伏，领导要及时提供帮助，做破解困惑的贴心人。例如，校长为教师手写生日贺卡、学校为教师制作专题片，在教师微信群发布，在社会广泛传播，宣传老师敬业爱岗的感人事迹，让教师感受到温暖和幸福。通过这些做法，学校成为教师能够找到归属感、幸福感的港湾，一个富有凝聚力和战斗力的教师团队也就形成了。

（三）实施道德领导

学者萨乔万尼认为，通过道德的权威进行领导，可以培养教师自主、自发和投入奉献精神，产生最佳领导效果。要达到这种境界，领导班子必须率先垂范，严格自律。尤其是校长，要努力做教师的精神领袖，要给教师当好榜样，就要用志趣高雅的人格魅力去影响教师；用强烈的事业心去激励教师；用踏踏实实的行动去带动教师；用与人为善、乐观豁达的心态去感染教师。校长的言行举止，应透射出一种高尚的道德素养，校长要有公道正派、彬彬有礼、谦谦自守的风范。努力把学校建设成为充满人性关怀、健康、文明、积极向上、具有正确道德方向的地方。

（四）以人为本的制度建设

把人本理念渗透进学校制度建设中。探究一种重价值引导，轻约束惩罚的学校制度。这样不仅有利于学校道德风尚的形成，更是学校可持续发展所必需的。一方面，制度体现民意。制度形成之前要做好民意调研，让老师们参与制度建设，让制度反应大多数人的意愿而不单纯是领导者意愿。比如学校《绩效工资分配方案》《优秀教师评选方案》的制定过程,就充分体现了群众参与的原则。另一方面,制度与时俱进。要发挥制度的引领作用,根据发展需要,不断给制度赋予新的内涵,通过多种途径广泛征求意见,以教代会的方式制定、修订和完善学校各项规章制度。学校的教学评价制度经历了重教学成绩、工作结果向重师德修养、工作过程的转变,使学校的考核评价制度不断完善,与时俱进。在评优中,学校实施了"让历史业绩定期归零"的做法,给每一位追求发展与进步的教师提供了机会。

（五）以生为本的教育环境

通过多渠道的实施学生自主管理、自我教育,让学生真正成为学校的主人、学习的主人。在行为规范养成教育过程中,学校引导学生参与制定《杨村第八小学养成教育规范》,培养学生主动遵规、自觉守纪的文明习惯。在课堂教学中,通过指导学生自主探究、合作交流,让学生学会学习。同时,丰富多彩的校园活动有效地促进了学生个性化、多样化发展。

（六）重视教师的专业成长

根据马斯洛的需要层次理论,人的最高层次的需求是自我实现。着眼于教师的个人发展,学校制定了"促进教师专业成长中长期规划",为每一位教师建立成长档案。实施针对青年骨干教师的"成才工程"、学科带头人的"领航工程"等,通过承担教育科研任务、开展研修培训、成长汇报、结对帮领等活动,有效避免"高原现象"及职业倦怠倾向的出现。学校将培训作为最大的福利提供给教师,让教师享受成长的快乐,促其不断自我超越,铺就教师成为教育家的成长之路。系统、扎实、科学的培养,使得教师迅速成长,多名教师在各级各类赛课活动中摘金夺银。

二、富有温度的学校管理制度举例

学校管理者只有真心地尊重、理解教师,悉心培养、使用教师,努力营造一种和谐、民主、平等、关爱的学校氛围,让每一位教师都奋发向上、积极进取;让每一个学生得到和谐发展、科学发展。只有这样学校才能焕发出生机和活力。以下分别是杨村第八小学和天津市雍阳中学的管理制度:

(一)富有温度的学校管理制度

1.层级管理制度

学校实施层级管理制度,不断加强班子建设,打造高素质的管理团队。领导班子有 11 名成员,以"勤学、善思、求真、务实"为座右铭,努力实现"和谐润校、质量立校、特色兴校"的工作目标。第一,校长立足全局,着眼于学校发展战略的把握;第二,副校长是核心决策的参与者,也是落实各项政策的执行总监;第三,中层主任在履行原科室职能的同时还分管年级,督促落实常规,引领教师发展;第四,年级组长、教研组长负责组织教师,落实具体工作任务。

2.多元参与的民主管理制度

学校实行多元参与的民主管理制度,主要体现在两个方面:一是充分发挥工会和教代会审议、监督职能作用,不断提高决策的民主化水平;二是发挥家委会作用,支持家委会在家校沟通、家教培训、管理决策等多方面参与学校工作。

3.咨询委员会制度

学校在充分发挥党团组织凝聚力、战斗力的基础上,聚合多方力量,促进学校管理,实施咨询委员会制度。由校内德高望重的老教师牵头,组建学校咨询委员会。其主要任务是广泛了解民意,从不同角度为学校发展建言献策;用自己的宝贵经验激发教师在生活、工作方面的热情,化解教师心结;把握积极正面的舆论导向、营造和谐温馨的工作氛围。

4.校园安全制度

学校严格落实了《天津市校园安全条例》《中小学校岗位安全工作指南》等法律法规,坚持强有力的组织机构作保障,以"强化综治管理,打造平安校园"为工作重点,坚持"预防为主"的方针,做实基础工作,做亮特色工作,积极构建校园及周边安全防控体系,完善安全制度,人人尽职尽责,切实保障师生安全和学校安全,高效维护正常的教育教学秩序。

第一,安全制度作保障。学校逐渐健全各项安全管理制度,形成了立体化的安全保障体系,通过各种教育活动将制度升华成师生共同的认知行动。现有的安全制度包括《学生安全教育制度》《学生专业课接送制度》《教师课间护导制度》《校园车辆管理制度》《恶劣天气学生上放学应急预案》等,切实做到有章可依。

第二,人人落实安全职责。学校每年层层签订安全责任书,形成了"校长、副校长、主任、教师"人人抓安全、个个担责任的管理网络,确保无管理盲区。两位主任负责一个楼层安全工作,备有安全台账;督察楼层各处室和楼道,指导护导教师、学生安全员维护课间秩序;下班后巡查责任区,确保电源、门窗、水龙头关闭;恶劣天气重点保障楼层放学秩序。每周一领导班子例会,主任向校长汇报主管楼层安全工作,发现隐患集体讨论并及时整改。此外,学校开学初即建立了安全员队伍,各个班级有男女安全员,学校又组建了机动加固定值勤安全员的队伍,课间及上学期间配合值勤教师加大巡查力度,确保全体学生进校及课间活动安静有序,保障了师生的安全,杜绝事故发生。

第三,营造学习安全大环境。从校园布置入手,安全主题板块挂在学校醒目地方,时刻提醒学生注意安全,固定橱窗放置学生以安全为主题的手抄报、文章、图画等优秀作品。学校三楼及楼梯安全长廊有安全标语、安全图片、安全标志以及安全小知识等,学生随时随地都可见安全知识,在大环境中潜移默化地受到教育。

（二）富有温度的教师管理制度

1.教师教学基本规范管理制度有温度

天津市雍阳中学的教师教学基本规范管理制度及实施情况如下：

第一,学校结合课程改革和实施素质教育的要求,制定、完善《雍阳中学教学管理基本规范》,对备课、上课、作业布置与批改、考试与评价、辅导、校本教研、教学反思与总结等教学基本环节提出明确要求,加强对教学全过程的管理。

第二,成立教学常规检查组织机构,采取日常督导和阶段性检查的方式,加强对课堂教学常规、教案、作业批改及辅导、听评课记录、业务学习笔记、集体备课记录、试卷分析等的检查和抽查。每学期,学校还组织一次学生评教制度,将评教的内容细化为对待学生、教学态度、教学能力、教学常规、教学手段、课堂效率、作业批改、自习辅导、复习练习九个方面,由学生对各学科教师做出评价。学校抽查检查结果及学生评价结果收入教师教学档案并纳入绩效考核。

第三,深入开展校本研修活动。全面落实每周一次的"备课组长具体组织,年级主任、教研组长日常督查,教务处考核反馈"的集体备课制度。强化日常听课评课,不同层次的人员在严格落实听课任务的基础上,要科学、规范、翔实地记录听课情况,评价教、学的得与失,并提出意见和建议。每两周开展一次的学科组大教研活动,通过集中学习、专题研讨、反馈听评课情况的多种形式,提升学科教学水平。

2.班主任论坛及培训制度有温度

杨村第八小学的班主任论坛及培训制度主要包括以下方面:

一是杨村第八小学定期组织全体班主任围绕班级管理热点、难点问题,通过群组构建、小组交流、达成共识、成果展示、点评总结等论坛活动环节,各抒己见,深入交流,传递智慧;此外还通过主题班会设计、优秀教育叙事评选、班会课观摩等形式,不断优化培训班主任培训方式,为广大班主任学习提高搭建平台,班主任们在参与中学习、在交流中提升,推进了班主任队伍专业化的发展。

二是学校建立传帮带制度。为了使青年班主任在班级管理道路上少走弯路,做到轻车熟路,学校牵线搭桥,为每位年轻班主任找到自己的师傅。师徒间制定了培养协议,师傅把经验毫无保留地传授给徒弟,徒弟收获颇丰。"老带新"进一步缩短新班主任教师的成熟周期,使新班主任教师的崭新理念和充沛热情与老班主任教师的宝贵经验完美结合,在促进新班主任教师快速成长、成熟的同时,也使老班主任不断保持活力,持续发展,达到互相学习,共同进步的目的。

三是学校了组建教师社团。学校支持一些教有所长、独树一帜的特色教师建立"国学社""书友会"等社团,凝聚志趣相投的老师,发展兴趣、陶冶情操、促进教学。

(三)富有温度的学生管理制度

1. 班长例会制度

在杨村第八小学,每周三学校会组织 39 个班班长召开工作会。会上班长们总结一周以来同学们的进步情况,查找了不足点,明确下一周努力方向,学生们结合实际提出了很多具有建设性的意见,并且确保学校的各项规章制度落地生根,大大提升了学生自我管理的能力。

2.《班级日志》制度

杨村第八小学在各班《班级日志》记录内容丰富,包括出勤情况、课堂表现、作业完成、校内外纪律、卫生值日情况等。《班级日志》填写采用全班学生轮流记载的方法,每天值日班长都认真地观察班级的各种细节,并一一记录在日志上。放学后班委会对日志情况进行梳理归类,总结出做得好的地方及存在的不足,具体到小组及个人,并对存在不足的小组或个人,提出整改建议,监督整改。

学生轮流记录《班级日志》,培养了孩子们的责任心,让他们学会正确地处理问题,既可以看到别人的优势,也可以看到自己的进步与不足,从而做到取人之长补己之短,不断取得进步,班主任借此也可以提升了班级管理业务素质。

3. 班级习惯养成教育评比制度

每学期开学第一周,学校都会制定具体的考核方案,每周 39 个班班主任将本班特色行为习惯培养小视频上传到微信群中,内容丰富,有学习习惯培养、生活习惯培养,还有文明礼貌习惯培养等。领导班子及其他班主任点评,大家相互学习,既提升了班主任管班水平,又培养了学生们的良好行为习惯。

(四)富有温度的家校沟通制度

学生的进步离不开家校的默契配合,杨村第八小学每一个班都有自己的微信群,老师和家长们在群里可以及时互动,了解孩子近期表现,制定孩子近期和长远的发展目标,这极大地促进了个体的发展。学校鼓励全体教师将家校沟通的信息发在教师工作群里,配以文字说明,教师间取长补短,提升了与家长们沟通的水平,彰显了沟通的艺术,让学生、家长和教师老师受益匪浅。

三、关于富有温度的学校管理制度思考

如果教育能够遵循教育规律,让教师体验教育的美好,他们的职业倦怠就会大大减少,职业激情也会被激发。校长要和教师携手前行,不应该让任何老师"受伤"和"流血"。相反,要让每个人的身心得到关照,每个人得到发展,每个生命感受到生活和工作的美好,让学校管理闪烁人性的光芒。因此,建立富有温度的学校管理制度应该考虑以下几个方面:

(一)学校管理制度要以人为本

以人为本不是随心所欲,没有章法。学校需要创造一种使教师处于一个主动、互动的发展状态。一是要有引导、激励机制;二是要有鞭策、压力机制;三是要有约束、保证机制。在各种机制的保障下,教师的发展和学校的发展结合在一起。

（二）学校管理制度要体现人性化

如果用过于苛刻的制度严密监控教师工作，以期保证教师遵章守纪，容易让教师产生消极心理，甚至反感、抵触，从而丧失工作的积极性和主动性。教育和教学行为在"严格"的监控之下，教师会成为执行既定政策的技师，其创新意识和能力大受限制。

（三）学校管理制度要深入贯彻于管理实践中

以人为本应体现在理念上、体现在制度上、体现在管理实践中。教育管理者如果用大量的精力追求的"精细化、规范化"管理，仅以学业成绩考核教师绩效，忽视了对过程的引导激励、对教师工作过程中师德表现的评价、情感投入，其思维空间就会极大地受到局限，其管理便囿于"布置工作"和"检查结果"之间。

笔者认为，一位优秀的校长、教育管理者，要有良好的道德修为、有高屋建瓴的眼界、科学发展的精神、强烈的事业心，要善于把人本理念贯穿在管理工作中，鼓励教师干事业、支持教师干成事业、帮助教师干好事业，这样必然能够最大限度地发挥教师的积极性与创造性，推动学校教育教学水平的不断提升，促进学生的可持续发展。

第三节　建设尽责进取的精神文化

精神文化是学校文化的核心，是学校文化建设中深层次的、隐性的文化构建，是学校发展的精神动力。学校的精神文化主要包括学校历史传统和被全体师生认同的文化观念、价值观念、生活观念等意识形态，具体体现在校训、校风、教风、学风之中。良好的学校精神文化能够催人奋进，促进学校高质量发展。

一、杨村第八小学：为每一个孩子留下一个飞扬的童年

杨村第八小学意在培养师生要有"为天地立心、为生民立命"的博大情怀，要把个人的进步与学生的成长、学校的发展、国家的富强结合起来，实现一群有温度的人干一桩有温度的事，为每一个孩子留下一个飞扬的童年。

（一）办学理念

办学理念是指正确的办学思想，回答的是怎样办学，办一所什么样的学校的问题。办学理念是学校工作亮点的理论依据，要求与学校现行的工作思路相一致，是工作思路的高度概括和理论提升。

"用温暖的教育，办一所师生留恋一生的学校"，这既是杨村第八小学的办学理念，也是从学校文化角度提出的建设温雅学校文化的重要目标。

第一，"温暖"的内涵。"温暖"在生理层面是指"不冷也不热，给人舒服的感觉；冷与热两个相互对立的因素相互融合、相互制约、相互调和、共处一体的结果；是人生理活动最适宜的条件，最有利于人的生长"；在精神层面是指"内心中美好、快乐、舒服的感受"。

第二，"温暖的教育"的内涵。"温暖的教育"是教育的各种因素相互协调、相互促进、相互补充、相互调和的、共处一体的结果；是最适合学生的教育，也是学生最易接受的教育，更是学生最享受的教育；是感动人的教育；是人的内心需求得到满足的教育。

第三，"有温度，让师生留恋一生的学校"的内涵。一方面，对学生而言，学校有他非常喜欢的老师，有他非常喜欢的同伴，在他的心中有重要位置；度过了他一生最快乐的童年时代；有非常喜欢的课程，课程非常适合学生，学生在课程的学习中获得了成功与快乐，课程培养了他受益一生的兴趣，为他今后的发展奠定了扎实的基础；有留恋一生的校园生活，校园生活丰富多彩，精神需求获得了极大的满足；满足了个性发展，个性特长得到施展。另一方面，对教师而言，有关心他的领导和同伴；有他最可爱的学生；获得尊重，有尊严的教书育人；获

得了成就，得到肯定；成就了教师的事业发展；精神是最舒展的。

围绕办学理念，杨村第八小学提出的办学宗旨为"感受温暖，激发活力"。其中，"活力"是指积极性、创造性，有了活力，人的聪明才智才能充分发挥；才能有更高的工作效率，突破困难和阻力，产生更大的业绩。激发师生的活力需要尊重和理解，各方面的管理和教育不可缺失又相互融合、和谐统一的结果，即：温暖。

基于这一办学理念，杨村第八小学提出的办学目标为"教育有温暖、环境有温馨、师生有成长、学校有生机"。其中，"教育有温暖"是指阳光般的工作热情，对学生饱含真情的关爱，恰当得体的教育方法。"环境有温馨"是指自然环境的靓丽；人文环境的温馨；物质环境的保证。"师生有成长"是指通过课程、包含温暖的人性化制度，丰富多彩的活动为师生搭建成长进步平台，让每个人都获得发展、取得成就、绽放生命、实现价值。"学校有生机"是指学校有温暖的人文和自然环境，师生能够焕发强烈的工作、学习、成长热情，互相感召激励、彼此关爱支撑，人人春风拂面，处处生机盎然。

因此，温暖教育一方面是感动人的教育，体现在教育有温暖、师生有成长、学校有生机；另一方面是各种教育因素协调一致、相互融合，体现在环境有温馨。

依据办学理念，杨村第八小学提出的学校精神为"仁爱、阳光、包容、超越"。学校精神也可以说是师生的整体精神面貌。仁爱即宽人慈爱，爱护、同情的感情。阳光即师生积极向上，乐观开朗，活泼有朝气。包容就是"仁"，就是爱人，就是要用心去爱每一个人。超越即超过、胜过，展现了杨村第八小学师生积极追求，拼搏进取的精神。

杨村第八小学的温暖教育体现在以下四个方面：第一，严格管理与真情关怀，管理中有温暖；第二，全面发展、特长培育、享受优质课程带来的温暖；第三，特色读书活动，在读书中获得精神享受的温暖；第四，一批有温度的教师，工作热情给学生和家长一片温暖。

温暖教育的行动纲领包括以下三点：

其一，把学校的办学理念落实在行动中，理念成为灵魂。例如，温暖的课堂建设工程,温暖的班级建设工程,温暖的年级组和学科组建设工程,温暖的课程体系建设工程,温暖的艺术、体育、科技活动建设工程,有温度教师培养工程,有温度学生培养工程,感动校园的温暖故事等均是把学校的办学理念落实在行动中的重要途径。

其二,视觉上传达办学理念。一方面在楼门、功能区的命名体现"温暖",例如,温习、温和、温馨、温煦、温润等;另一方面在楼道布展体现办学理念。例如,2018年杨村第八小学温暖故事、2018年杨村第八小学有温度的教师和学生、2018年杨村第八小学温暖赛事展、2018年杨村第八小学温暖艺术活动展等。

其三,建构温暖教育的文化体系。具体包括以下三点:一是规范校本礼仪,建构礼仪文化;二是节日、重大活动校本化,建构活动文化,例如,升旗、入队、体育节、艺术节、读书月、新教师上岗、拜师、开学典礼、毕业典礼、新年等活动规范化;三是建设学校的标识,例如,校歌、校徽、校名、校旗、标志物、吉祥物、文化印章、校树、校花、标准色、上下课音乐、早上学音乐、放学音乐、集合音乐、列队音乐、颁奖音乐。

总之,在办学理念的指导下,一所现代意义上的好学校,应该有温度、有气场、有聚合力。让每个人身心得到关照、正能量得到激发。对于学生来说,杨村第八小学是孩子们喜欢来又舍不得走的地方。在这里不应该有斥责、羞辱和歧视,有的是关爱、赞赏和支持。人生百年,立于幼学。这一阶段,道德修养,精神陶冶和人格培育远比知识的灌输和功利的诉求重要。对于教师来说,杨村第八小学不只是一个工作的地方,更是一个自我发展,愉悦精神的地方。教师在这里应该享受尊重、收获友情、成就梦想。

(二)"三风一训"

1. 校风

杨村第八小学的校风为"崇尚学习,尽责进取"。崇尚学习,尽责进取学习是一种追求,一种生活方式,也是一种责任,尽心尽责地履行自己的职责。

2. 教风

杨村第八小学的教风为"德厚志远，学高业精"。教师做豁达大度、胸怀宽阔，树立远大志向的人，要有广博的文化知识，勤学苦练，精益求精。

3. 学风

杨村第八小学的学风为"趣广意专，勤思乐学"。学生要广泛学习，专心培养兴趣爱好，勤于思考，快乐学习。

4. 校训

杨村第八小学的校训为"为他人着想，为自己负责"。他人，对教师而言是同事、学生、家长；他人，对学生而言是老师、父母、同学；为他人着想就是理解人、关心人、尊重人；对自己负责就是对自己德行负责、对学业负责、对自己的身体负责。

（三）校徽校歌

1. 校徽

校徽是体现学校文化的重要方式。杨村第八小学的校徽见图 3—1。

图 3—1　杨村第八小学校徽

杨村第八小学校徽所体现的学校文化内涵如下：

圆形的校徽，使用跳跃的蓝色环形，寓意青青校园是谐和之地，是梦想的摇篮、孩子们的成长起点,三只不同色彩的梦想鸟象征每一个孩子都怀揣彩虹般美丽的梦想走进杨村第八小学,梦想鸟的翅膀两两相依,形成三个跳跃的"八"字,寓意杨村第八小学在新型的教育理念下必将提升办学水平,鸟儿们托起明珠展翅环绕相依,酷似一朵绽放的花朵,寓意少年儿童是祖国的花朵,在老师的精心呵护下愈发娇艳芬芳。

校徽的主色调为黄色,象征杨村第八小学教师高尚的情操,呕心沥血育新人、无私奉献谋发展的精神,也意味着杨村第八小学全校师生为了学校美好的明天,同心同德、开拓创新、共圆美梦。

主图案"红、绿、蓝"的有机融合,充分体现出精诚团结的杨村第八小学大家庭处处闪耀着"以人为本"的光芒,犹如师生漫漫求索路上一盏璀璨的明灯。红色代表活泼、进取、温暖;蓝色代表理智、洁净、包容;白色代表本色、典雅、纯洁。红、白、蓝也是杨村第八小学的代表色。

校徽由内、外圆两部分组成,是取圆满之意,象征学校"追求卓越、止于至善"的工作追求。内圆与外圆相互呼应,象征杨村第八小学教师、学生及学生家长"内外同心、和谐并进"。外圆处,用中英文书写校名,体现了杨村第八小学"不仅要面向现代化,而且要面向世界、面向未来"的办学方向,使校徽更具有时代感。

2.校歌

杨村第八小学的校歌为《飞扬的童年》。校歌由教师王淑英作词,展现了杨村第八小学的办学特色:开齐课程,开足课时,全方位促进学生有效发展,让学生们在杨村第八小学这片沃土上快乐健康地成长。

(四)以"十项计划"打造学校精神文化

杨村第八小学以丰富活动打造精神文化,努力把学校建设成师生向往的精神家园。以"十项计划"的设计和实施,打造学校"仁爱、阳光、包容、超越"的精神,营造丰富的校园精神文化。

1."心灵绿洲"计划

杨村第八小学致力于实施"心灵绿洲"计划，培养教师多元的兴趣，订阅各类报刊一百多种，让每一位教师在工作中感受幸福和尊严。"温暖记忆"是杨村第八小学系列主题活动之一，学校领导会为教师亲自送上生日祝福，为教师手书祝词庆生。杨村第八小学教师自发组织志愿者服务队，各尽所能，为学校有困难的教师排忧解难。这样做的目的是让教师们能有爱校如家的感情，工作上会更加努力。

2."国学传承"计划

杨村第八小学致力于实施"国学传承"计划，长期以来，学校注重国学的传承，经典诵读、习字与书法、古诗文鉴赏、茶道素拓等一系列课程让学生浸润在传统文化中。学校给学生推荐阅读书目、构建完整阅读体系，指导学生以笔记事抒情，鼓励学生从小背诵唐诗宋词；学校创设"一课""一角""一架"的开放式读书环境。班主任为每个学生建立阅读档案，记录学生六年来的阅读经历。

学校还成立了若干文化社团，编写了《儿童诗》《礼仪伴我成长》《安全知识我知道》等校本教材，创建了校园诗歌博客等。腹有诗书气自华，杨村第八小学的每个人以谦和、宽容、朴实、优雅、真诚、善良塑造人，师生与学校一起成长。

3."家校合作"计划

杨村第八小学致力于实施"家校合作"计划。孩子的成长离不开家校合作，学校积极探索多样化的家校互动模式，开展丰富多彩的家校活动，引导家长树立正确的家教观念，掌握科学的育儿方法，形成良好家风。与此同时，在学校层面，为了更好地形成家校合力，学校还加强对心理健康教师队伍的建设。

4."艺术教育"计划

艺体教育是杨村第八小学的另一个品牌,每个孩子从一年级开始便学习口风琴演奏,学生根据各自喜好选择学习西洋乐器或民族乐器,培养出一个个优秀的小乐手。"海之韵"艺术社团在市区演出活动中成为最受欢迎的节目,屡屡获奖。"缤纷童年"书画社更是硕果累累,师生成为各类奖项的赢家,并出版了校本教材《成长的足迹》及学生的美术作品集。

5."阳光体育"计划

"阳光体育"是杨村第八小学的重要计划。学校坚持上好两操、两课、两活动,大课间先后开展了 108 种特色游戏,深受师生喜爱。学校运动队科学训练,充分挖掘学生的体育潜能,在全区各种赛事上屡创佳绩。

6."活动小组"计划

为丰富学生的生活,培养兴趣,陶冶情操,学校开设了科技制作、跆拳道国学、儿童诗、京东大鼓、围棋、管乐、民族舞、瓶子彩绘、十字绣、茶艺、面食、烹饪等 26 大类、64 个活动小组,为每个学生的个性化成长搭建了展示自我的舞台。

7."社会体验"计划

学习即生活,生活即学习。学校致力于实施"社会体验"计划,引导学生广泛参与校外社会实践活动。松鹤园小区、颐安西区是固定的社会劳动实践基地,学生或有组织或自发地捡拾白色垃圾,擦洗公共设施。武清区福利院是学校的爱心服务基地,学生亲自去陪伴、照顾残疾儿童,学校还将三名身体条件允许的福利院孩子安排在教学班就读,为残疾儿童带来温暖和爱心。同时,为使学生亲近自然,增强脑体结合的能力,学校开辟了四季常青的绿篱生态园,种植十余种果蔬,建立各班实践基地。

8."心理健康"计划

学校致力于实施"心理健康"计划。具体包括以下几个方面:

一是队伍建设。成立心理健康指导中心,以班主任为主体,加强心理健康教师队伍建设。组织部分班主任,相继参加了天津大学孙颖教授主讲的"书信角色疗法"等心理健康培训活动。聘请天津师范大学心理与行为研究院研究生,开展培养学校归属感及提高学生注意力的专题测试和团体辅导。

二是开展活动。学校通过组织国旗下讲话、主题班会等形式对学生有针对性地进行心理健康引导。

三是环境建设。学校加强人文环境建设,营造心理健康教育氛围(教学楼四楼文化墙以心理健康教育为主题)。

四是关注差异。学校对单亲、心理健康水平低的个体和群体给予特殊关注,适时疏导。

9."安全教育"计划

杨村第八小学每学期制订安全工作计划,有应急工作预案,定期进行安全讲座,每月对学校设施进行隐患排查,每学期进行两次消防疏散演练。干部教师全员上岗值班,无论严寒还是酷暑,每天上学、放学学校门口都有一名干部和一名教师值班,每天大课间各楼层都有教师护导,上专业课都由教师接送学生。建校至今,学校平安和谐,没有出现任何安全事故。学校被评为全区唯一的全国消防安全教育示范校。

10."师生幸福"计划

学校致力于实施"师生幸福"计划。

一方面,对全体教职员工实施人性化的教师管理,关注教师身心健康,引领教师幸福、主动工作。

主要做法:第一,引领精神,澄静心灵。通过分享美文、谈心聊天、发送校长短信等方式,与教师进行心与心的交流,引领教师做心态良好、待人宽厚、懂得合作、善于分享的现代教师,帮助教师形成积极、阳光的生活观和工作观。第二,各办公室、楼道摆放鲜花,让师生心情愉悦。每周二、周四下午放学组织太极、健身操、篮球等有氧运动,缓解教师工作压力。第三,组建志愿者服务队,尽全力解决教师生活中难事、大事、急事。学校为路途较远的教师解决午饭和午休的难题。第四,让每一位教师感受幸福和尊严。不让任何人受到冷落。各项制度措施的出台,充分征求教师意见、充分保护教师权益、充分尊重教师情感,并落实在考核、考勤制度中。因病、因事确实需要关照的教师,由本人申请,经学校教职工代表大会审议,校内公示后,可以调整工作时间。教师感受到学校如家的温暖,心情舒畅,工作也会倍加努力。让教师用平和的心态,有劲头和精力,能够静心教书、潜心育人。第五,以温暖人、鼓舞人为宗旨,每年通过举办"温暖八小年度人物评选""讲述身边温暖故事"等形式,打造温暖文化,激发教师心灵深处的真善美元素。另一方面,对于全体学生,则以心理健康引导、体验多项活动等形式丰富学生校内和校外生活,提升学生的幸福感。

基于上述"十项计划""八小好,是因为你好"给了每一位教师,家长包括保安以亲切的归属感、荣誉感和责任感。一本本温情的毕业纪念册,是一份真切的心意,每一个孩子为母校留下的宝贵临别赠言,母校都悉心珍藏。那一张张美丽的笑脸,一个个动人的故事,一本本班级诗歌集,是杨村第八小学最珍贵的记忆。十年薪火传承,十年春华秋实。杨村第八小学育人育己,硕果飘香。

二、天津市雍阳中学:让每一名学生都卓尔不凡

在天津市雍阳中学,学校的一切工作是为了学生的成人成才。在有教无类的前提下,学校因材施教,发现每一名学生的智能优势和最优发展区,使其得到最佳的培养,成为最好的自己,适应社会需要,开创美好人生,让每一名学生都卓尔不凡。

(一)基于校园文化微元素提升校园文化品位

在校徽征集活动中,2010届学生赵某的设计作品脱颖而出,校徽一直沿

用到现在。2018年,歌曲《卓尔不凡》在百余首征集作品中被选中,成为学校的校歌。在各项大型活动中,国旗护卫队成为一道亮丽的风景,大型团体操表演展现雍阳学子的青春魅力,这些都成为代表"雍阳精神"的文化元素,提升了校园文化品位。

(二)以"五大行动"打造学校精神文化

1."减负增效"行动

天津市雍阳中学通过落实"减负增效",减轻学生课业负担,充分解放学生的自主能力,让孩子有更多时间发挥能动性,得到全面发展。

2."国际交流"行动

学校致力于实施"国际交流"行动,基于国际文化交流提升校园文化开放程度。长期以来,学校一直关注教育国际化,重视多元文化交流。通过国际学访交流活动,展现了雍阳学子的儒雅举止、创新思维、严谨态度、务实作风,显示了学校兼容并蓄的文化心态和大气磅礴的雍阳胸怀。

3."心理健康"行动

学校致力于实施"心理健康"行动,基于心理教育塑造校园心理健康文化。学校组建心理健康教育团队,完善心理健康教育机制,立足问题和难点,分析和解决问题,有针对性地实施心理健康教育,努力提升学生心理健康水平。

一是完善心理健康教育机制。学校目前有两位心理学专业毕业的专职心理教师,负责七年级和八年级各班每周一节的心理健康课教学工作。学校心理咨询室全天对学生、家长开放,及时发现学生的心理问题并进行有针对性的团体辅导或个别辅导。科学有效的心理健康课、心理咨询和辅导,使学生主动学会自我调节。心理咨询室还开辟"心理危机绿色通道",探索出了"危机及时干预,障碍及时梳理"的工作模式,并建立心理危机学生档案,使学生由于心理问题引发的消极影响及时得以解决。

二是营造学生健康成长氛围。在教育教学工作中,创设宽松、和谐、民主的育人氛围,让学生在健康的环境中得到发展。"真心话对我说""友谊需要理解"等每月一次的心理健康教育主题班会增进了学生之间相互接纳、相互信任,建立平等友爱的同学关系。班主任建立"爱心助学档案",对暂时有困难、有缺点的学生,用平等真诚的态度给予帮助,以增强其信心,激发其求知欲,使其勇敢面对困难和挫折,产生归属感。教师创设轻松愉快的课堂环境,让学生充分展示,积极参与课堂活动,激发学生学习的良性动机,减轻学习上的心理压力,培养良好的学习心态。在各年级开展的"心理健康辩论赛""压力释放我做主""刚好遇见你""感恩有您"等师生交流互动的活动,缩短了师生间的"心距",学生的人格得到尊重、情感得到理解、行为得到鼓励、努力得到肯定。

三是家校共筑健康成长港湾。学校建立家校联系长效机制,以班级为单位,班主任定期与学生家长进行沟通,以便当学生产生不良情绪,并对学习生活造成消极影响时,指导家长如何让这种消极影响降到最低。学校还通过"家庭大讲堂",为家长送去心理健康、亲子关系等家庭教育方面的知识,促进家长主动、深入了解子女,做有效沟通,帮助家长走进孩子内心情感世界,以真诚的爱,让子女的心灵得以接纳,精神得到依靠。

4."艺术修养提升"行动

学校在开齐、开足艺术课程的同时,深入挖掘艺术教育资源,通过组建艺术活动小组、开展丰富多彩的艺术活动、搭建多元的艺术展示平台,陶冶学生高尚的道德情操,提升学生艺术修养。

第一,组建艺术活动小组。艺术教育是学校教育教学工作的重要组成部分。学校结合自身实际情况,充分挖掘艺术教育资源,组建艺术活动小组,激发学生学习热情,提高学生的美育素养和思想道德水平。目前学校共有书画、舞蹈、合唱、器乐、鼓乐队、经典弦乐、戏剧七个艺术活动小组。各个小组由专业教师进行指导,每周都开展活动,有效培养了学生的审美能力,拓展了学生的艺术发展空间，弘扬了中华优秀传统文化。

第二，开展多彩艺术活动。为充实艺术活动的内容和形式，营造良好的校园文化环境，丰富大课间文体活动，在全校范围内广泛开展校园集体舞活动。艺术教师根据各年级特点为学生选编一套集体舞或者健身操。

目前，七年级的主题是"最好的舞台"，八年级的主题是"卡路里"，九年级的主题是"青春飞扬"。各年级在七年级入学时，由音乐教师集中组织排练，每逢大课间或重大活动，各年级都展示自己的集体舞蹈。在展示过程中，培养了学生动作的协调性和韵律感，使学生形成开朗、乐观性格，接受了美的教育。2018年，学校七年级和八年级的集体舞在中华人民共和国教育部、中国教育电视台联合制作的系列节目《传承的力量》中播出。此外，学校每年还定期举办征集自学生优秀作品书法展、游戏笔墨写意画展、泥塑人物肖像展、校园安全漫画展示、我爱我校标志设计展等活动。通过"温馨我家室内设计""工艺笔筒设计制作展示""班标设计"等活动增强学生审美情趣，培养学生集体主义观念和热爱劳动、热爱生活的品质。

第三，搭建艺术展示平台。每年一度的校园艺术节是展示学生艺术特长和学校艺术教育成果的绚丽舞台，共包括开幕式、文艺展演、艺术作品展等三部分。每届艺术节都历时两个月准备，全部展品均出自学生的双手，文艺展演中的精彩节目也都是学生自主编排，各展区的解说词都是学生独立撰写。学生们的合作意识、创新精神、智慧与才华在活动中充分展示出来。校园科技艺术节的举办，有效激发学生的艺术兴趣，强化审美教育，营造浓厚的文化氛围，丰富校园文化生活，提高学生的综合素质。

5."体育素养提升"行动

天津市雍阳中学的学生不但学习成绩优秀，体育成绩更为突出。一直以来，学校高度重视体育工作，深入贯彻"健康第一"思想，全面提高学生身体素质、健康水平和运动竞技水平。

第一，扎实有效开展阳光体育运动。

一是坚持每天半小时早操。天津市雍阳中学是寄宿制学校,早操是学校为使学生身心健康发展所采取的一项重要举措。每天早晨,学校以半小时的体育活动拉开一天学习、生活的帷幕,全校学生在操场集合、跑步,开展素质训练。素质训练从学生实际出发,针对不同年级学生特点,科学选择锻炼内容,确定锻炼方法。二是开展丰富多彩的大课间活动。学校每天上午下午各开设一个大课间,开展丰富多彩的阳光体育活动,确保学生每天锻炼一小时。活动中,在认真组织好学生广播体操的同时,结合各年级学生实际情况,不断推陈出新,开展多种形式的强身健体活动,如:蜗牛与黄鹂鸟、十六步、团体操、健身气功《八段锦》等,让学生真正体会到"我运动、我快乐、我健康"的意义。三是每月组织一次大型体育活动。每月定期开展的校园体育竞赛活动,营造了全员体育的氛围。春季长跑比赛、篮球联赛、足球联赛、拔河比赛、队列广播操比赛、趣味游戏躲避球比赛及每年的秋季运动会等,进一步丰富学生课余生活,提升学生体能素质,提高学生团结协作意识,增强集体荣誉感。

第二,切实做好初中毕业升学体育考试系统训练。初中毕业升学体育考试,是学校体育工作的重要内容。根据《天津市初中毕业升学体育统一测试成绩评定标准》,学校切实加强对九年级学生毕业升学体育考试的教学工作。

一是制定体育中考三年训练计划及措施,确保每名学生的体能在不同阶段有所提高。七年级注重对学生进行下肢力量训练,八年级注重上肢和腰腹力量的训练,九年级注重对学生进行专项强化练习。

二是科学合理安排授课内容,保证体育锻炼时间。针对体考项目安排有针对性的专项练习,将课堂教学与课外练习相结合,加强对 50 米跑、跳绳、耐久跑、实心球、仰卧起坐等项目的指导与练习。

三是加强对学生体育训练的日常管理及安全教育,加强应试培训,体考前对学生进行专业的心理辅导。自天津市实施体育中考测试以来,学校的体育中考成绩连续十一年创新高,并在全市遥遥领先。2019 年,学校体育中考满分率高达 84.50％。

第三，提高运动竞技水平。学校关注学生的个性差异和兴趣爱好，结合实际情况，组建了健美操、篮球、足球、排球、乒乓球、田径等多个体育运动队。

平时利用早操时间进行专业集中训练，科学、合理地安排训练内容。在训练中加强对学生专项技能的强化和巩固，加强对学生团结协作精神的培养。教练员老师分工合作，切实抓好每个项目的训练工作，在提高运动员运动水平上做出不懈努力。

天津市雍阳中学在学校精神文化建设领域将继续以"培养什么人，怎样培养人"作为首要问题，创新管理机制，完善活动载体，提升校园文化水平，开展特色德育活动。建全校园广播系统、开设学生电视台、搭建校园文化宣传基地，使广大学生坚定社会主义文化自信。着力倡导读书活动，努力把雍阳打造成书香校园。设立心理健康月，开展多元化的活动，成立"悦·心理剧团""悦·心理诗社"，通过社团活动，板报，宣传栏，学校广播站等对老师、学生和家长进行心理健康教育等，有计划、多渠道地开展心理健康教育活动。

第四节　建设富有活力的学生文化

学生文化是最能体现学生活力的学校文化。当前，比较有代表性的学生文化主要包括学生自组织文化和少先队文化两个大类。

一、建设灵活个性的学生自组织文化

学生社团是学生自组织文化的重要体现，其丰富性、灵活性、个性化活动的特点十分明显。其中，自创社团学习传统文化就是典型代表。

（一）引导学生自发组建经典诵读活动社团

中国创造了光辉灿烂的传统文化，形成了本民族特有的思维方式、价值取向、行为模式、德行素养和社会民俗。孩子们需要继承和发扬传统美德，并形成自己的认知结构、健全人格、道德品质。基于此,杨村第八小学从建校开始,就非常重视对学生传统文化的培养,通过试验和研究学校逐渐形成了自己的教育特色。学校旨在引导学生自发组建经典诵读活动社团。由校长亲自任辅导老师,学生自愿报名参加,每周三下午活动一节课,主要采取读熟、释义、感悟、诵读、导行等环节引导学生学习《论语》《大学》《中庸》等。活动已经开展了三年时间,现在学生都能熟练背诵部分篇章。

（二）基于社团开展古诗词诵读活动

杨村第八小学从 2012 年开展古诗词诵读活动,一年级至三年级学生诵读古诗,四年级至六年级学生诵读古词。其中一年级学生全年诵读 30 首,二年级学生诵读 40 首,三年级学生诵读 30 首,四年级学生诵读 20 首,五年级学生诵读 20 首,六年级学生诵读 20 首,总共 160 首古诗词。为鼓励学生诵读古诗词,学校制定了评价方法:即每学年学生达到学校规定的背诵数量,学校就为学生颁发奖状鼓励;每班学生二分之一达到标准,该班就被评为合格班级,每班学生达到三分之二以上,该班就被评为明星班级,学校为班级颁发奖状。学校开展的古诗词诵读活动既是语文课标的要求,也是学生学习传统文化的重要途径。

几年来,大部分学生都能完成任务,还有的学生超额完成。有的学生可以背诵近 300 首古诗。古诗词诵读活动得到了家长的大力支持,家长也和孩子一起背诵,现在在学校和家庭之间掀起了一股诵读古诗词的热潮。为此,学校开展了古诗词诵读展示活动,孩子们精彩的表演、教师们的经典诵读、家长们的热情参与将演出活动推向了高潮,展示活动被武清电视台和天津电视台在黄金时间播报道。

二、建设育人为本的少先队文化

杨村第八小学非常注重学校的少先队工作,把少先队工作摆在学校各项工作的重要位置。学校完善制度,为少先队工作创造良好条件;狠抓常规,促进少先队自身建设；开展丰富多彩的活动，加强对队员的思想道德培养；务实创新，促进学校少先队工作的深度开展。学校少先队工作和教育教学工作均取得了突出的成绩。学校先后被评为国家级教育系统先进集体，天津市落实辅导员纲要的示范校、天津市素质教育示范校、天津市优秀家长学校、"少先队科研实践基地"、天津市武清区"少先队先进工作单位"等。

（一）建构具有地域特点的少先队文化

教育的目的是让人一生幸福成长，教育的方法是建构顺应人成长的文化，用文化发展人。注重教育关注的成长，应该是幸福的成长，而且要着眼人一生幸福成长。学校创建的具有地域特点的少先队理念文化"以习惯奠基人生，用活动滋养成长"，不断探索创新共享成长之路。学校少先队工作追求的不仅仅是队员的成长，也包括辅导员的成长，家长的成长以及学校的成长。一切活动的开展均以队员、辅导员、家长、学校的成长为出发点和归宿。在"共享成长"的引领下，经过大家一起不断的努力和探索，学校少先队工作得到了又好又快的发展，取得长足的进步。

（二）关注少先队制度文化的建设

少先队工作在成长理念的引领下，逐步完善了少先队的制度文化。学校大队、中队、小队一致落实干部选举制度。大队、中队、小队干部均由队员们选举产生，队干部也受队员们监督。队员们民主参与、民主管理制度。队员们民主选举产生小小督察员，监督队员们在学校的常规行为，帮助队员们形成良好的学习和生活习惯。队前教育、入队、表扬奖励等制度。每逢新队员入队，学校会组织各新建中队队员到队室组织宣誓活动。坚持队日、队会等活动制度。少先队制度建设的落实，形成了定势、定向的纪律制度，让所有队员为建设快乐、自主、友爱、向上的少先队集体而共同努力。

（三）注重少先队网络的建设

杨村第八小学注重少先队工作干部的培养和选拔，选出了政治素质好、思想觉悟高、爱岗敬业的青年教师担任大队辅导员工作,挑选最优秀的教师担任年级辅导员和中队辅导员。学校对走上领导岗位的干部注重培养,要求他们,认清自己的责任,加强自身素质的提高,以培养合格的建议者和接班人为目标,做好少先队工作。要求他们以爱国主义为中心,以服务为宗旨,以培养落实《新时代公民道德建设实施纲要》为契机,以规范养成教育为突破口,开展各种教育活动,培养学生养成良好的行为习惯。同时,组织制定了大队辅导员岗位职责、工作要求,年级辅导员和中队辅导员规范等,加强师德建设。因此,学校的少先队工作取得了较好成绩,得到了师生及领导的好评。

(四)加强少先队活动建设

学校一直坚持少先队是德育工作的主阵地,是培养学生树立正确人生观、价值观的主战场,大力支持少先队开展丰富多彩的活动,坚持在活动中教育人,在实践中锻炼人,在环境中陶冶人,在生活中检验人的思想,在活动中使学生幸福成长、共享成长。学校把少先队活动课安排到课表中,每学期由级部辅导员负责组织每个中队召开主题队会,并把每个级部最好的队会在辅导员例会上进行展示,全体辅导员参与评价研究。

为推动社会主义核心价值观进教材、进课堂、进头脑,学校开展丰富活动,例如,"我把核心价值观记心中"主题队日;"做一个有道德的人——网上祭英烈"活动;"节约粮食 从我做起"教育活动;"特警进校园 共建创平安"的活动;"群众的110,你我的30年"为主题的警营开放日活动等丰富的核心价值观活动等,将少先队的工作落到实处。

此外,鼓励辅导员和小队员们多读书。引导学校少先队组织开展了德行好少年,阅读浸润,诵读经典,实践课堂等多种特色活动,每学期给队员们推荐阅读书目、帮助他们构建完整的阅读体系。每个年级阅读不同的书目。对阅读情况学校定期检查督促,年终评选合格和优秀队员,并下发证书奖励。

近年来,通过少先队活动的开展杨村第八小学取得了一些可喜的成绩。在2015年度"通过读书活动,教育引导学生树立社会主义核心价值观"被评为全国中小学教育优秀案例，同年学校还被评为天津市师德建设先进单位；2016年武清区"童心向党"歌咏比赛获二等奖；2016年武清区好书伴我成长活动获区级优秀组织奖；2016年武清区亲子阅读活动获最佳组织奖；2016年获武清区少先队工作优秀单位；2017年获得天津市少年儿童学国学诵经典才艺展示优秀组织奖。

展望未来，在少先队这一缤纷地带，学校管理者要和学生一起收获快乐和精彩，一起成长在星星火炬下，陪伴学生一起幸福健康地成长。

第五章　做有温度的校长

常言道:"一个好校长就是一所好学校。"校长的教育哲学、办学思想和教育质量观,直接决定着他的办学行为。校长的心中有什么,就会努力地追寻;校长的心中装着谁,就为会谁服务。要成为一名好校长,就要像设计师、工程师那样,脑中有蓝图,心中有尺度,身上有热度,把正能量传递给身边的每个人。在他的校园中,每个学生、每位教师脸上洋溢着阳光般的笑容,是教育最大的成就。他需要有思想、有智慧,身先士卒,率先垂范,成为学校发展开拓人;对于汹涌的改革浪潮,要有自己的定力,有独立思考的意识,不断学习,吸取成功经验,为学校发展提供思想源泉;校长还得要正确认识过去,对待成绩,成就他人,体贴师生,成为幸福校园的守护者;校长还得有教育远见,有规划意识,有执行力,按照教育规律办事,尊重教育常识,为教师的专业发展、持续成长提供制度保障。

第一节　有温度校长的教育情怀

一位合格的校长一定是具有丰厚教育情怀的教育人。这种教育情怀是一位办学者的教育哲学、教育理想和办学思想在办学实践中的情感表露,以及对学校、学生、教师的一种强烈的人文关怀。具体而言,就是要正确看待中小学教育,要科学评价一个学校,要听取一线教师的意见,将师生的利益放在第一位,要创造机会让学校师生人人都出彩。

源于这种情怀,笔者在自己的校长生涯中,从杨村第八小学开始就建立起了一种学校场景或学校意象,要把学校建设成为学生喜欢、家长满意、教师能够感受到幸福的学校,让学校成为学生爱来的地方,让教育为孩子的幸福人生奠基,是笔者的办学追求。

从杨村第八小学到雍阳中学,在办学过程中笔者更加明确了办学目标:坚持以教育教学质量为核心,追求教育教学的高水平;以"健康教育"特色为引领,追求学校的高品位;以多元文化为支撑,追求学校的内涵与和谐发展;打造区域内具有核心竞争力的学校品牌,把学校建设成学生喜欢、家长满意、教师能够感受到幸福的家园。

一、好校长应该正确看待中小学教育

富有创造性的教育先行者创造了丰富的学校文化,精心打造出无数特色鲜明,独树一帜的学校文化。与各学校校长交流、到知名学校考察取经,取长补短,并以一种开放的心态,向全校师生、教育主管部门、社会公众传播校长的教育理念、学校品牌文化建设,延展到现在这些成了大家的共同理念和行动指南。

(一)重视中小学教育在人的一生发展中的基础性地位

梁启超先生主张"人生百年,立于幼学"。中小学教育是能影响人的一生的教育。只有从"人生百年"的高度和远见设计中小学教育,致力于探究为孩子一生发展奠基的和谐健康的教育模式,学校才会成为学生健康成长的乐土。

被誉为"唐宋八大家"之首的韩愈在其《师说》一文中说:"道之所存,师之所存也。"传道是教育的原始底色,是教育的价值所在。这个"道"是什么呢?"道"包括两个层面:一方面指"天之道",即宇宙自然的变化规律,教人"求真理、悟道理、明事理";另一方面指"圣人之道",即人格修养的行为准则。儒家更是把"有道圣人"的行为准则归纳成"八德",即:孝、悌、忠、信、礼、义、廉、耻。这"八德"演化到今天,就是社会主义核心价值观公民层面的表述:爱国(忠——赤胆无私、廉——有气节、耻——知荣辱)、敬业(忠——尽责)、诚信(信)、友善(礼——修为、义——正气)。

自古至今,我们的教育前辈和同仁,始终把传授宇宙自然规律的"天之道"和规范人格修养的"圣人之道"当成教育的核心要义,且把重心放在人的行为、精神和相关的伦理道德的教育上。在中小学这一阶段,道德修养,精神陶冶和人格培育远比知识的灌输和功利的诉求更重要。

（二）坚持立德树人和培养全面发展的人是中小学教育的根本任务

在 2018 年 9 月 10 日召开的全国教育大会上,习近平主席指出:"要努力构建德智体美劳全面培养的教育体系,形成更高水平的人才培养体系。"[①]要把立德树人融入思想道德教育、文化知识教育、社会实践教育各环节,贯穿基础教育至高等教育各领域,学科体系、教学体系、教材体系、管理体系要围绕这个目标来设计,教师要围绕这个目标来教,学生要围绕这个目标来学。

立德树人和全面培养,是教育发展的两个关键词。这就要求我们按照教育规律办事,办优质教育。《学记》有这么一句话:"教也者,长善而救失者也。"此言道出教育的根本使命,即"发展特长、激发潜能、补齐短板"。笔者认为,在基础教育阶段,或许无须刻意追求教育特色或差异,为特色而特色,为创新而创新,一味倾全力打造所谓特色,这样难免会舍本逐末,得不偿失。我们更应立足现实,尊重规律、全面发展。教育要致力于形成更高水平的人才培养体系,要构建德智体美劳全面培养的教育体系。要达成此目标,当以编制和落实合理的课程计划为基础,教育应悟本,本立则道生。这个"道"便是尊重规律的育人之道、成才之道、民族振兴之道。学校教育要全面贯彻党的教育方针,着眼立德树人,全面推进素质教育,在开齐开足开好每一门课程的基础上,通过艺体教育陶冶

---

① 新华社.习近平出席全国教育大会并发表重要讲话[N/OL].2018－09－10.http://www.gov.cn/xinwen/2018－09/10/content_5320835.htm.

学生心灵,强健学生体魄,打造多彩校园,实现学校的科学健康发展。

二、好校长应该科学评价一所学校

笔者认为,一所现代意义上的好学校,除了要传播知识,培养劳动者等之外,还有昭示并践行人类社会美好生活等更高远的价值追求;应该保护人类仰望星空的动力和追求;应该有温度、有气场、有聚合力;让每个人身心得到关照、正能量得到激发;有高素质学生,有智慧型教师,有高效益课堂;有温度、秀外慧中、和谐温暖的魅力校园。笔者最欣赏的一句话是:"校以师为本,师以生为本,生以发展为本。"

（一）好学校应该是人际关系和谐、教师能够不断发展的地方

评价一个学校,不仅仅看教学业绩,升学情况,更要看的是制度和文化,校园氛围是否和谐,校长要学会做情绪管理的高手。情绪管理的两种最佳状态是"中"与"和"。《中庸》的观点认为,喜怒哀乐之未发,谓之中;发而皆中节,谓之和。中也者,天下之大本也;和也者,天下之达道也。致中和,天地位焉,万物育焉。"中"的状态是指我们不会任由各种情绪无序发泄,"和"的状态指的是能够恰当得体地表达情绪。达到中和境界,人际关系就会和谐完满,各项工作就会井然有序。

对于教师来说,学校不只是一个工作的地方,更是一个自我发展,愉悦精神的地方,学校应该是一个自我发展,享受尊重、成就理想的地方。教师在这里能享受尊重、收获友情、成就梦想。这里有关心他的领导和同伴,有最可爱的学生,获得尊重并有尊严的教书育人,成就了教师的事业发展,精神是最舒展的。

对于教师对学校管理制度的意见,要多谈话,让教师直言不讳,与教师心理距离更近一点,听取一线教师意见;在处理问题上,永远把一线教师的利益放在第一位,做好学校规章制度的解释说明工作。应该明确,制度仅仅是学校治理的基础性工作,是保障教师发展自主权的,而不是成为教师工作的掣肘,更不是学校治理的根本意义,如果认为有了制度,学校治理就万事大吉,

要想成为好校长还有很大差距。

（二）好学校应该给学生幸福快乐，为其提供一生受用的东西

学校该给孩子提供什么呢？对学生而言：

学校是孩子们喜欢来、舍不得走的地方，这里有关爱、赞赏和支持。学校有孩子喜欢的老师，有他非常喜欢的同伴，学生在学校里能获得极大的满足和喜悦，同时学生还能从学习知识中获得成功与快乐，这所校园成为学生一生最快乐的童年时光。

总而言之，一所好的学校可能不是最优秀的学校，但是一定是这种场景：教育有温暖，环境很温馨，师生能成长，学校显生机。教育教学中蕴含着深情和温暖，教职员工有阳光般的工作热情，对学生饱含真情的关爱，恰当得体的教育方法。环境温馨宜人，自然环境的靓丽，人文环境的温馨，物质环境的保证。师生在这里得到成长，通过课程、包含温暖的人性化制度，丰富多彩的活动为师生搭建成长进步平台，让每个人都获得发展、取得成就、绽放生命、实现价值。学校生活生机蓬勃，有温暖的人文和自然环境，师生焕发强烈的工作、学习、成长热情，互相感召激励、彼此关爱支撑，人人春风拂面，处处生机盎然。

三、好校长应该努力办好一所好学校

在"推进积极教育，促进师生幸福成长，打造幸福温暖校园"思想指导下，校长应按照"环境美，生活乐，人际暖，育人优，身心强"的构建思路，通过学校建设"三步曲"不断抵近教育理想：第一步是"美丽校园"，第二步是"快乐课堂"，第三步是"理想学园"和"安全校园"，从而最终达到"塑造和谐校园文化和提升师生幸福品质"的目标，确保学校建设更优势，文化活动高品质，制度建设有温度，师生生活有品位，使"幸福校园"成为全校师生共同追求的目标与境界，从而激发全校师生的工作学习和生活的热情。

在这所学校里走一走、转一转，你会感受到学生们蓬勃向上的朝气、积极求学的氛围，教师们爱岗敬业、无私奉献的精神。校长心中始终有发展的教

育理念，把特色办学、品质立校始终放在心上。关于学校建设的步骤和内容，在其他章节中有详细表述，在此不再赘述，特别强调一下笔者所重视的"阳光校园""文化学校""书香校园"或者叫作"温暖校园"的建设，这也是目前中小学教育中特别忽视的内容。

（一）好学校应该让孩子们健康快乐成长，脸上洋溢着灿烂的笑容

小学阶段还有一个重要的事就是"玩好"——"身体倍儿棒、吃嘛嘛香"。除了学习文化课之外，可以让孩子学一些自己喜欢的课程，比如琴棋书画，武术竞技，读诗诵经等。在杨村第八小学要想评选成为三好学生，不在球队、合唱队、舞蹈队或者没有一项才艺的学生是没有资格入选的。

杨村第八小学细化的课程组别设置满足了不同层次学生的兴趣爱好，学生可以自由选课：体育与竞技活动类，以体育竞技项目为基础成立了啦啦操、健美操、足球、篮球、跆拳道、花样跳绳表演、乒乓球、羽毛球、围棋活动组；语言与阅读活动课是以语文、外语学科为基础的拓展和延伸，有播音主持、美文欣赏、国学、英语歌曲、英语情景剧、英语网络班、德语等活动小组；数学与科学类活动课是以科学、数学学科为基础，与学生生活实际紧密结合开设的活动课，有牛顿实验课、数独、数学手抄报、电子创作等课程；艺术与审美活动课是以音乐、美术领域为基础的拓展和延伸，设立了民族舞、拉丁舞、大合唱、小合唱、管乐组、京韵大鼓、版画、瓶子彩绘、盘画、软笔书法、纸立体造型、葫芦彩绘等活动课；劳动与技术类活动课与生活紧密联系，把生活技能的学习引入课堂，开设有茶艺与茶道、面食、烹饪、手工布艺、十字绣等课程。

学校通过开设第二课堂，遵循儿童在基础教育阶段的普遍认知特点，辅以艺术、生活、竞技类的活动，让孩子们乐学好学，激发了学习潜能，能力得到了发展。

（二）好学校应该是一所书香弥漫、人文气息浓烈的校园

学校为教师读书提供便利，制订读书计划，并督促展示。学校为学生提供图书资料，形成稳定的图书补给机制，构建中小学生课外阅读书目体系，并

成立"书友社"等读书社团等,指导学生课外大阅读活动,鼓励学生之间交换读书,进行充分的读书交流、比赛和展示。同时,通过将阅读计入学业评价,通过课题研究推进阅读的科学性有效性。积极引导家长介入学校读书活动,通过开设读书指导讲座、推荐阅读书目、组织读书交流等,指导亲子共读。在家校合作中营造浓厚的读书氛围,打造儒雅、智慧型教师团队,培养文明、博学少年,建立家校和谐、统一的学习共同体。

(三)好学校还应该是一所温暖人心、师生有身心归属的校园

校园因细节而温暖。真正美好的教育场所是师生亲自创造的、可触摸、能互动的空间,更是美好故事发生的地方,杨村第八小学和雍阳中学就是一个可以触摸出温度的校园,一个处处育人的书香校园。学校的每个楼层主题鲜明的环境文化都是由老师们亲手设计、布置的,无声地传达着传统文化、习惯养成、安全教育、心理健康、艺术等与学生成长息息相关的内容。

(四)好学校更应该紧密联系家庭,为家长解决育儿烦恼

不少家庭在孩子教育、亲子沟通问题上,有或多或少的偏差或偏见,为孩子成长烦恼,这一点尤其在初中生身上表现得特别明显。雍阳中学为此成立了心理咨询室,组织心理专业老师为家长、学生解郁开结。如通过组织观看视频《杨凤池教授:亲子沟通的原则和态度》《赵喜刚博士:父母尊重孩子,发展孩子健康自尊》《倾听——亲子关系的幸福秘诀》《钱铭怡教授:延长的假期里如何做到心理健康》,让家长懂得培育一个热爱生命的健康的孩子,源头活水就在家里。家长对孩子生命完整性的接纳程度,决定了爱孩子的水平和质量,同时,也决定一个孩子自己生命价值感的水平。学校通过借助微信咨询,帮助学生和家长重新植入对生命的合理认知,帮助他们认识到合理的认知一定能够给自己的生命带来健康和希望。特别在新冠肺炎疫情期间,学校设立专门心理热线,由专业的心理教师值守,解决了很多亲子关系沟通不畅引发的矛盾冲突。

第二节　有温度校长的专业素养

校长掌管着一个学校的大大小小事务。从校长所属行业来看，教育是"长善救失""传道、授业、解惑"的高尚事业，学校是启智育德之场所，是教人知识、培养人美好品德的地方；作为校长要善于运用法治思维和方法处理学校中的问题，要善于运用价值引领激发教师的工作积极性，把学校领向优秀，领向卓越。

一、做有思想有智慧的开拓者

学校的灵魂是校长。著名教育家陶行知先生曾说过："校长是一个学校的灵魂。"教育家苏霍姆林斯基也说过："有怎样的校长，就有怎样的学校。"校长极大地影响了学校的发展，在理解贯彻执行国家教育方针政策方面，校长的专业素养起着决定性作用，校长可以有效内化教育政策理论，并将之付诸学校实践。

（一）坚持独立思考

作为有温度的校长，就需要有较高的专业素养，努力做一名专家型教师、教育家型校长。这需要校长通过自己勤奋不辍地学习、思考、积淀、提升才能成为专家。在日复一日的教育实践中，校长要做个有心人，逐步产生自己的教育观点，而不是东施效颦、人云亦云、东拼西凑点名家观点，这充其量是鹦鹉学舌。

（二）躬身务实实干

要成为一名有专业素养的校长，不仅需要有教育理想，还须在教育理论、学校发展、人才培养、课程管理、教师成长等方面狠下功夫，铆足劲儿，发挥校长的指挥、引导功能，有所作为。想要具备优秀校长的专业素养体系，要有远大的教育理想、教育责任感和使命感,具有高尚的道德情操和管理智慧,勇于直面困难和挑战,立足于学校现实开展教育工作,敢于进行探索和创新,思考问题解决之道,能够有效化解矛盾,排除万难,推动工作,积极实践,做出被家长和业内广为认可的成就。

（三）成为榜样示范

作为学校的领头人,校长应该塑造共同愿景和目标,成为平和奋斗的校长与平和奋斗的教师,引领和鼓励全体师生朝向这个目标前进。作为一名教育者,应该知道这样一个事实——学生是不会向自己不喜欢的人学习的。不会和学生建立良好的人际关系,一辈子的教书生涯注定会痛苦而漫长。教师的天职就是教书育人,教师的一言一行可能会改变一个人的一生。学校里没有小事情,任何在我们眼里的小事情都蕴含着丰厚的教育大道理。校长应该从自身做起,成为教育的榜样和示范,为教师和学生提供学习动力和激情。教书学习能够带给人快乐。一所学校的好坏,就可以从师生的言行举止中得到答案。一进校门,如果看到教师学生脸上洋溢着笑容,见人有礼貌,注重仪表,注重细节,那么这里的师生是幸福的,这个学校的教育成功的。

（四）注重规范管理

与学校的情感管理相对应,对学校的制度管理也是非常必要的。在多年的学校管理实践中,与教师的交往中,认识到要让制度成为管理的抓手,凡是管理上出现问题都说明制度有漏洞。北外附小林卫民校长说,校长意味着一个专业的行政领导,是专业与行政融合的领导。作为学校的管理者校长,必须练就专业管理的本领,为学校稳定发展、行稳致远建立制度保障。一所学校每天打开校门,涉及的事务方方面面,数以千百计,大到学校人财物分配,中到每天课程安排、教师到岗、学生到校、校园安全,小到学生上下学、校园卫生等,校园内外,千丝万缕,如果没有校长的专业管理能力、运筹帷幄的能力,作为千百师生共同学习生活的场所,如何有效运行呢?

因此，在《义务教育学校校长专业标准》明确了校长的六项职责：规划学校发展、营造育人文化、领导课程教学、引领教师成长、优化内部管理、调试外部环境。故做好学校的专业管理，是校长作为学校掌舵人的天职，是这个岗位赋予校长的本质要求，校长要具有高瞻远瞩的眼光、系统的思考能力、坚决的执行能力、情绪调控能力以及资源整合能力，其素质要求之全、专业程度之高，规范力度之强，远不是随随便便一般人就能够胜任的。校长建立自己的管理哲学非常重要，这对于学校管理事务也非常实用。

在笔者任职的两所学校中，形成了领导管理学五个基本原则：第一，每件事只由一个人负责，布置任务要具体到人。第二，要限定完成时间，除非是立刻办和周期性工作，完不成要提前请示。第三，重要任务让其本人重复一遍，确保领会正确。第四，要形成可操作性标准。第五，要形成领导要检查的氛围。好校长要善于运用学校的基础性制度推动教师主动发展，鼓励教师不断"破壳"出新，以其自身的水平和发展速度接近每个人的发展目标。

二、成为爱读书勤思考的领头人

读书是教师发展的源头活水，也是校长成长的第一要务。作为校长来说，自身要有强烈的学习意识，做一个自觉的读书人；同时，要营造全校读书氛围，促进人人爱读书爱学习，还要讲求读书方法，慎重选择书，多读好书和经典书籍，才能提高读书效率，促进校长、教师共同成长。

（一）校长自身要有强烈的学习意识，做一个自觉的读书人

不读书，是教育的最大问题。而作为学校管理者，每天处理着繁琐事务，如果不注重自身专业知识的积累和管理理念的学习更新，没有独立思考，就会成为他人的影子，就会成为一名事务型管理者，而不是专家型校长。修为人之德，修从教之道，修作校长之本，才是校长的职责。学校的大小变化，教育的发展水平，甚至师生的精气神和幸福指数，都取决于校长读不读书、读什么样的书、用不用心引领师生读书。

作为一名好校长,一定是爱读书、爱学习、勤思考、勤写作的校长。好校长要对先进教育思想、教育理念有敏感性,对各地的先进教育经验和教学改革有研究兴趣,对学校教学和管理中的各种问题有自己的思考观念和解决办法,日积月累,沉淀研磨,逐渐形成自己的教育理论体系和管理策略。

作为校长,在学校忙碌之余,要善于利用自己的业余时间读书、思考和学习。能否在课外读书,不在于有没有时间,而在于自己有没有决心。结合工作实际来读书学习,收获最大,感悟最深。

> **日·记·一·则**
>
> **(摘要)**
>
> 放暑假了真好!
>
> 放暑假了,心情应该放松了。新的内容,新的节奏,也应该有新的目标。书要多读,把任务往前赶。多写一些读书随笔,多一些对工作的感悟和思考。
>
> 下面这段文字值得玩味:
>
> **【古代两位禅师的对话】**寒山问拾得:世间有人谤我、欺我、辱我、笑我、轻我、骗我、贱我,如何处之?拾得笑曰:只要忍他、让他、避他、由他、耐他、敬他、不要理他,再过几年,你且看他。
>
> 这是一种高层次的做人境界,学习并实践之。

(二)校长要营造全校读书氛围,促进人人爱读书爱学习

营造学校内自由读书的条件,环境和气氛,是教育常识。作为一名成功的校长,不仅仅要自己爱读书爱学习,还要以身作则,利用榜样力量引导和影响一批人,带动全体师生进入读书思考的境界。作为一所好学校,就是"爱读书"的校长和一群"爱读书"的老师,带领着全体学生一起"好读书""读好书"。

做教育,其实很简单。首先需要教师和校长自己成为一个爱读书、爱学习的人,一所教师校长不读书、不学习的学校能够成功地让学生爱读书、爱学

习吗？一所学校没有读书学习就不能成为学校，学生不读书学习就不能成为学生。中小学阶段就是要培养学生读书的兴趣，教给学生好的读书方法，以及养成读书的习惯。要做好教育，实属不易。只有通过读书，教育者才能弄清楚教育应该从何处来、到哪里去，从而掌握教育的准则和规律；只有通过读书，教育者的内心才能获得宁静，校园才能够拥有温馨，师生的教育生活才能有幸福。学校领导者要用热情点燃热情，带动教师一道读书，通过学校活动和制度潜移默化地感染学生，进而带动家庭读书，形成人人读书、社区读书的浓厚学习氛围。所以，校长的力量是不可估量的，校长的责任非常重大。若干年后，从学校走出的孩子，除了度过了快乐童年、少年时光，还有他们值得留恋的东西，那便是教育的成功，更是校长的喜悦。

> 日·记·一·则
>
> ## 参加读书会的感悟
>
> 9月27日上午，接到朋友的电话，邀请我参加他的读书会活动。我的分享内容是：
>
> 子曰：以约，失之者鲜矣。
>
> 选自《论语·里仁》篇。
>
> 【注释】①约：约束。这里指"约之以礼"。②鲜：少的意思。
>
> 【译文】孔子说："用礼来约束自己，所犯的错误就少了。"
>
> 这里指的是内心有所约制，人的过失就会减少。也就是说，一个人内心要经常对自己有日三省乎己的反躬自问，反思自己今天哪些事做得好，哪些事做得不如意。再观察比较周围的人，所谓见贤思齐，见不肖（品行不好）则内自省。反省一下自我，可不可以这样。这就是约制。
>
> 工作和生活中，我们要做到，心里有一把尺子，眼前有一面镜子，学会经常地"照镜子、正衣冠"，自我净化、自我完善、自我革新、自我提高。人生的道路上就会少走弯路，少犯错误。如果我们自己做人做事坚守这个底线，凡事保持清醒头脑，约之以礼、约之以法、约之以德，坚持下去，我们的内心就会变得充实和强大。

（三）慎重对书的选择，多读好书经典书籍

世界上的书籍太多，而不是太少。可选择的余地很大，这就需要读书人认真甄别书的优劣，尽量多读优质书。这就如攀登高峰，我们才能俯视大地，"一览众山小"。对于中小学生，学校提出了阅读唐诗、宋词、元曲中的经典作品和《道德经》《论语》《孟子》等先秦诸子及《菜根谭》《小窗幽记》等国学文化中的精华等大阅读活动书目。对于教师，笔者推荐了《教育的真谛》（陶行知著）、《教师的挑战》（佐藤学著）等经典著作。关于自己所读之书，不一而足，除了上述与师生攻读之书外，笔者还读了《领导者的气场》（于书权著）、《给校长的建议》（郑洁著）等专业著作。只有从谦卑的位置，才能看到伟大思想的深度与厚重，并反省自身的匮乏和缺憾。除此之外，关于书的选择也非常重要，多读一本没有价值的书，便浪费可读一本有价值的书的时间和精力，所以必须慎加选择。我们可以借鉴名人名家的介绍，比如朱光潜《给青年的十二封信》等，学习其读书选书的方法，还有利用时间的批评家，经过历时筛选遗存流传下来的经典书籍，与书中的古今哲人相晤谈，多读一些永恒之书，做一个纯粹高尚之人。

三、做低调、包容、有定力的校长

注重工作方法需要好心态。学校每天一开门就是万事纷纷，面对校内外事务、学校教学事务、师生各种问题等，校长需要有定力与平和心态，不急不躁。面对赞美和荣誉，要低调；要给予他人出彩的机会，体贴他人，成就他人，即立人、达人，己所不欲，勿施于人。

（一）正确对待荣誉，做低调有定力的校长

作为校长，面对校内纷繁复杂的事务和错综交织的人际关系，需要有定力与平和的心态，宠辱不惊，思虑周全。每当听到对学校和个人的肯定与赞美，总是抑制不住地欢喜，内心也会明显地浮躁，这需要努力修炼一种稳重与大气。遇到赞美，淡然一笑，诚心感谢；遇到批评，虚心接受、认真自查、坚决改正。各种场合不可张扬自己的成绩，校长要永远谦虚、低调做人。低调的底色是谦逊，而谦逊源于通透。放低自己，与这个世界恬淡地交流。在低调的人看来，人生的至高意义在于平和、平淡、平静，生命的至美之境是恬淡、朴实、纯真。真正有大智慧和大才华的人，却是低调的人。所谓大智若愚，大巧若拙。看轻自己，是一种大智慧、大才华。看清自己，看轻自己，方能找回最初的自己；越是看轻自己，越易被人看重；学会看轻自己，方能走得更远。

做好校长必须正视荣誉。校长可以享受功成名就后的赞美，也可以重新确定起点再出发。其实，荣誉只是对自己工作成绩的一个肯定，它们只属于过去。荣誉可以被看作是一纸证书，它的最大功用是用来鞭策自己，每当懈怠的时候，可以翻看一下过去的荣誉证书，这样就能够重新焕发起工作热情和豪气。荣誉不在多少，关键是荣誉证书里是否凝结了自己的汗水和成绩，否则那样的荣誉是很乏味的。得之我幸，失之我命。优秀、荣誉都不要刻意而为之，就像种子落地、生根、发芽、生长一般，自然而然。荣誉再多，没能得到学生和同事的认可，一切都是虚假，都如过眼云烟，都会在时间的长河中暗淡无光。

在今天，发展的定义早就改变了，别说往后退，就是站在那里不动，就已经是落后的开始了。因此，我们要保持"放下成绩、重新开始"的心态，学会"归零"，"归零"迫使我们重新开始，也是我们再一次发展、进步的开端。其实，一个个成人成才的学生才是我们老师最骄傲的"荣誉证书"！

（二）给予人人出彩的机会，体贴他人，成就他人

让每个人都有人生出彩的机会。这句话对管理来说很有指导意义。在一个团队中，如果你着眼于让每个人都有发展、成功的希望和机会，这个团队就会凝结成奋发向上的一股力量。高明的管理者，善于为每个人编织梦想。站在对方角度，换位思考，设身处地地为对方的切身利益着想，就能够团结和凝聚每一份人心。

作为校长、主任,如果能够把老师的合理关切当成大事去维护和支持,自然会赢得老师的信任和拥护。作为老师,如果把家长、学生的关切当成自己的着力点,也会赢得家长的信赖和爱戴。正确的人际关系的哲学观往往比本事大小更重要。与人交往,谦虚点、低调点,事要做到位,话要暖到心。不论是安排工作还是家校沟通,都要带着感情、带着尊重、善于交流。切忌头脑发热,说话不分场合,不讲方式,不顾轻重,让人不舒服。遇事不要轻易表达观点、不要对下属偏激的观点随声附和或默许,原则和正确立场要坚守。遇到矛盾,要放一放、冷一冷、想一想、静一静,学会管理好自己情绪,谨慎决策。时常感觉是学习少了、思路少了、思考不深入、工作懈怠,是对已有成绩沾沾自喜所致。要学习、要恰当接触老师,继续挖掘大家的智慧,为学校发展加油助力。踏实工作,让学校有活力,不断发展,让教师感受工作的快乐和幸福,让每个人都有成就感是非常重要的。

(三)立人、达人,己所不欲,勿施于人

校长要多体贴他人,凡事多思量。不管是领导还是同事,关系到切身利益的事,考虑周到一些,做事体贴一些。出现问题,多从自身找原因,及时修复间隙,工作就会顺畅多了。

曾经在杨村第八小学任职时,一部分班主任对于学生参加学校社团持消极态度。一位班主任教师在班级家长微信群里说:"学校要组织各种社团训练活动,或多或少地会影响学习,家长们自己决定吧。"笔者得知消息,当时有些气愤,但还是先安排主管主任找该老师交流。一个小时后,该班主任主动找到笔者,表达不满。我向她提了三个问题:"你觉得小学教育该是什么样的?""你的做法是为孩子好吗?""你在群里发表言论会引发家长对学校、对你个人什么评价?"当时可谓激烈交锋,笔者的言辞犀利,把这位老师说得只有招架之功没有还手之力。待笔者情绪归于平静,开始反思自己这件事处置有什么不妥,是不是有更好的解决办法。转天正好是教师节,笔者上班第一件事是给那位老师发一条信息。"××,昨天我的言辞有些激动,向你道歉,顺祝你教师节快乐！"十分钟以后，收到老师的回信："谢谢李校长，昨天我确实不该往群里发那些话，真是糊涂，以后我会注意，也祝您节日快乐，真心谢谢您。"笔者回信："我相信你的责任心和能力，还有那千金不换的直性子。只要我们用心用情的工作，一切会好！让我们一起开心地工作！"

想解决根本问题，光靠讲规矩、讲奉献、讲政治、讲大局是解决不了问题的。必须走进教师的内心世界，学会换位思考。在实际的工作中，一旦遇到问题我耳边就回想起这句话。于是就静下心来，引导班子成员深入思考制度的缺陷，及时调整、完善、补充、健全制度。评优、教学绩效、校园安全、家校交流制度都重新修订，使学校管理逐步步入良性循环。

第三节　有温度校长的人生理想

人活着总要有点理想。恩格斯说："有理想的人，生活总是火热的。"理想是生命之光，指引着人生前进的方向。生活中有了理想，会五彩斑斓；生命中有了理想，会活得更有价值感。要想成为一名好校长，要志存高远，有远大坚定的教育信念，有自己的事业梦想和人生理想，并将这种梦想和理想作为自己一生的信念，坚守教育承诺，付诸教育实践。"无论岁月如何流逝，始终不变最初的承诺。不管世风怎样变幻，永远坚守园丁的本色。"一位好校长，要有丰富的学术修养和教育理解，有自己的教育远见和理解高度；要有探索的勇气，敢于实践创新，不循规蹈矩；还要有大爱之心，家国情怀，放眼世界的目光。不局限于一校一年、从教育发展趋势和规律的角度出发，才能做好校长。"大事难事看担当，逆境顺境看襟度""穷则独善其身，达则兼济天下"。带领一所学校从平凡走向优秀，从优秀走向卓越，不断突破创新，是一位好校长的使命和担当，也是好校长之"好"、有温度校长之价值所在。

一、成为教育家型办学者

校长要成"名"成"家"，应是通过多年的学习积累探索总结出来的，不是刻意营造出来，更不是通过选拔给予的一种特殊身份和荣誉。现在有些教育者对教育家的办学产生误解，一是功利化趋向，将教育家培养与校长个人的名利结合起来，使得教育家的培养工程脱离了教育原本的初衷、脱离了学校发展的初心。二是重视入选结果而不重视培养的过程和结果，导致教育家培养过后的影响力和发展辐射作用没有充分得到体现。三是只注重校长个人的发展和成长，忽视了全体师生的自我成长。

正如尼采在《查图拉斯如是说》所说："人的情况和树相同。它愈想开向高处和明亮处，它的根愈要向下，向泥土，向黑暗处，向深处……"要走上教育家办学的正确道路上来，必须正视校长与师生之间的关系，处理好个人与群体的关系，学校与主体的关系，管理与引领的关系等。只有从根本问题上进行深入思考，厚培成为教育家的深厚思想土壤，才有可能走向真正的教育家。

好校长的修炼，教育家的养成，需要在心性、德性和专业上下功夫。

（一）要尊重教育规律，有所作为但不妄为

所谓"圣人处无为之事，行不言之教，万物作焉而不辞，生而不有，为而不恃，功成而弗居。夫唯弗居，是以不去"（《老子》）。笔者认为，所谓"无为"，是先哲教人们放下欲望去做事，低调做事，而不是什么都不做。

作为校长，不要为了名利去做事，要为师生去做事，就是"无为"。校长要为自己的师生负责，顺应人心，发出善念，先不要计较回报，少些算计，结果反而会更好。为下属搭建平台，创造机会，真心助力，而不标榜自己，不争名夺利。

（二）进退有度，谦谦自守

从古至今，哪有不消失的功名？哪有不消失的富贵？所谓"持而盈之，不如其已""功成身退，天之道"。身退不是隐身而去，更不是隐匿行迹，而是谦逊内敛,不居功自傲,要有勇于归零、善于归零的精神,把昨天所有的荣誉都变成回忆,不炫耀功劳,不显露锋芒,不咄咄逼人,更不能胡作非为,绝不挂在嘴边念念不忘,要踏实地为师生服务。

(三)践行领导者的最高境界

领导力从来不是强制别人怎样做,而是让他人按照自己的意图行动的艺术。管理者的最高境界是谨慎。完成了工作,教职员工会说:"这是我们自然而然做的。"即所谓"功成事遂,百姓皆谓:我自然。"其中,隐身于背后,绝不是什么都不做,而是真正的"无为"——创建文化,制定规则。用道(信念)引领人,用德(价值)塑造人,用法(规则)激励和约束人。既要有原则性,又不能刚愎自用。一所好学校应该有温度、有气场、有聚合力。让每个人身心得到关照、正能量得到激发。

(四)做教学科研的带路人

作为一名成熟的学校管理者,不能只懂管理而不懂教学。教学是学校第一任务,是学校的核心工作,如果一位校长不懂教学而仅埋头处理其他事物,对学校、教师和学生来说不是明智的选择。教育者从教学岗位上走上管理岗位,精于教学并善于管理,是学校良性发展的难得之才。作为一位好校长一定要有教学指导力,要熟悉学校的教学工作、基本业务流程,以及具备学校管理上的基本知识。

一方面,好校长应该是一名好老师,更是教学上的能手。学校的中心工作就是教学,校长要了解学校教学业务的全流程,要精通课堂教学的全过程,才能对学校教学工作有发言权。如果校长是教学的门外汉,对教学工作的各个环节和要求都不了解,对教师的教学过程进行瞎指挥,很难让老师们信服,很难让学校走上正轨。

另一方面,好校长要有研究意识,并将研究意识融入教学与管理工作中,以专业管理为基础,凭自己的实干精神和人格魅力改变一方的教育生态。校长不但要定期为自己设立研究方向,提升专业管理水平,而且要不定期地为管理团队、教研组等确定研究课题,形成各方成长共同体,使学校的各项工作有新意。

二、成长为掌舵人式领导者

正如确定大海中轮船行进方向的是船长,学校发展方向的依靠是校长。校长不是"划桨人",而是带领"船员"开动学校这艘大船。那么,依靠什么来调动全体员工的工作积极性,引导学校发展呢? 苏霍姆林斯基说:"校长的领导首先是教育思想的领导,其次才是行政的领导。"校长的教育核心就是通过贯彻党和国家的教育方针,塑造学校共同愿景,制定学校发展规划,对师生进行价值领导。

(一)校长要学习理解贯彻党的教育方针政策

校长要将自己的教育思想和教育价值观牢牢建立在中国共产党的教育方针政策基础上,把党的教育理论和国家的教育规划作为自己教育思想的源泉,围绕学校工作的立德树人根本任务,用习近平新时代中国特色社会主义思想铸魂育人,引导学生增强中国特色社会主义道路自信、理论自信、制度自信、文化自信,厚植爱国主义情怀,保证学校发展沿着正确的轨道行进。

作为校长,要有强烈的政治意识,善于从政治上看问题,在大是大非面前保持政治清醒;要有深厚的教育情怀,心时刻里装着国家和民族;要有新思维新办法,创新管理方式,为教师创造良好的工作环境;要有广阔的眼界,从历史角度、国际视野,生动阐述大政方针、学校管理制度,深入人心;要严格自律,自觉弘扬主旋律,积极传递正能量;要有端正的人格,用高尚的人格感染师生,用深厚的专业理论赢得尊重,自觉做好表率,做师生喜爱的领头人。

(二)校长要做学校发展的开路人

著名教育家陶行知先生说:"校长是一个学校的灵魂。学校的好坏和校长最有关系，一个好校长就是一所好学校。"俗话说："火车跑得快，全靠车头带。"学校发展好不好，校长有直接关系。做学校发展的开路人，需要校长要重责任、讲担当。开路好与坏直接决定学校教育质量的成败。有多大担当才能干多大事业，尽多大责任才会有多大成就。作为学校校长，须知自己肩上的责任。治校思路清晰，不断实践创新，比如"抓常规、严管理，提质量、求发展"。以责无旁贷的精神、"功成不必在我"的胸怀走在前列、干在实处。要带领教师谋事创业，一起做好学校发展工作，让学生发展好。做学校发展的开路人，需要有干劲、在状态。"良好的精神状态，是做好一切工作的重要前提。"

学校教学工作任务繁重，社会对教育期待越来越高，要不断提高教育教学质量，推动教育教学改革，靠的是一大批肯干敢干能干的好教师好职工。作为校长应该全身心投入，有干劲、闯劲、拼劲，将教育政策、学校管理的各方面要抓实、抓小、抓细。

（三）校长需要塑造学校共同愿景

校长还应该将党和国家的教育政策方针以及自己的教育理想落实到学校发展的具体行动中，制定成为学校的发展规划，成为学校师生的共同愿景。笔者在杨村第八小学任职期间，正逢制定学校五年发展规划，笔者通过拟稿、征求意见，发扬民主精神，利用群众智慧，与师生共同制定了一份学校发展愿景。基本框架如下：

总体思路：

"为孩子的幸福奠基，办孩子喜欢的学校"是办学追求的境界。基于此，在未来的五年，我们将继续深入贯彻落实局党委"一个中心，四个基本点"的工作主线，巩固学校现代化建设成果。以质量为核心，追求教育教学的高水平；以"健康教育"特色为引领，追求学校的高品位；以多元文化为支撑，追求学校的内涵与和谐发展。打造区域内具有核心竞争力的学校品牌,把杨村第八小学建设成学生喜欢、家长满意、教师能够感受到幸福的学校。

目标和举措:

目标之一:以质量为核心,追求教育教学的高水平。

举措:

一、做实基础,落实规范

　　(一)领导常听课观班

　　(二)坚持落实常规工作

二、教师专业成长

　　(一)教师分层培养机制

　　(二)打造经得起推敲的常态课品牌教师

　　(三)教师特色提炼

　　(四)多种形式的培训

三、提高课堂效率

　　(一)合作基础上的个性化

　　(二)致力提升学习力

　　(三)开发优质教学资源

　　(四)引导教师建模

四、把教研、科研作为提高质量的引擎

目标之二:以多元文化为支撑,追求学校的内涵与和谐发展。

举措:

一、制度与管理

　　(一)规范层级管理

　　(二)编辑《杨村第八小学教师工作手册》

　　(三)完善教师评价方法,探究引领与约束相济的制度

　　(四)实行多元参与的民主管理

（五）发挥咨询委员会、教师社团等非正式组织的作用

二、打造温暖文化，营造心灵绿洲

（一）发现闪光点

（二）让教师在阅读中澄净心灵

（三）摒弃不必要的精确数字评价

（四）关注教师身心健康

三、校园环境及行为文化建设

（一）丰盈文化内涵

（二）打造书香校园

（三）塑造良好的行为习惯

目标之三：以"健康教育"特色为引领，追求学校的高品位努力打造健康教师、健康教育、健康家庭教育。

......

三、做一名温暖的管理者

作为校长，还应该做师生的贴心人。校长要坚持以人为本，关心教师的生活，关注教师的发展，关爱学生的成长。校长既是学校的管理者，又是教师的"大家长"，要做全体师生的"贴心人"。

（一）校长要诚敬谦和，敏于事，慎于言

《道德经》言："上善若水，水利万物而不争。"作为领导，要宽柔、居下、利他、不争，能够用自己的人格魅力、智慧和才干让教职员工努力工作，让员工干起来有成就感和归属感，让每位教职员工工作快乐，生活幸福。好校长的作用是表现在能够领导、调动全校师生充满激情地投入到工作与学习上的。校长要用自己的人格魅力与管理智慧去感染与调动大家一起来做；校长要有强大的包容心，要能容忍甚至赏识那些在某方面比自己强的教师。一个好校长，不是说他要处处都行，而是能够最大限度地调动大家的工作积极性，在日

常行为方面能经得住大家的评议,成为大家的榜样。

（二）校长要有涵养,有海纳百川的胸怀

遇事不急躁、不冲动,心平气和地思考,细心分辨客观现象,找到问题的症结,得出正确的解决方法。笔者认为,控制情绪的办法是有情绪不说话,能做到不武、不怒、不直接与对方争高下。

《礼记》中提道:"好而知其恶,恶而知其美者,天下鲜矣。"意思是喜爱一个人而知道其缺点,厌恶而知道其优点。这就是告诫我们,在待人接物时,不要感情用事,一定要客观、公正地看待别人的缺点。

（三）让学校管理闪烁人性的光芒

科学的管理制度是学校可持续发展的基础。然而,倘若片面强化管理,忽视了人性的关怀,往往会适得其反。

很多校长慨叹管理之难,试图探究管理的万灵药。有的"精细化管理"的经验认为,学校应该处处皆制度,事事有约束。有的校长甚至推崇"制度是块钢,谁碰谁受伤,制度是块铁,谁碰谁流血"。其实,制度既不应是"钢"也不应是"铁",应做启迪和引领教师前行的导航者。校长要探究以人为本的学校管理,要理解尊重教师,要知人善任。校长要学会用发展的眼光看待人事物,善于放大教师的优点,发掘每一位教职工的创造能力,只有这样,每个教师的智慧和才干就会得到充分发挥,学校才能焕发出生机和活力。

（四）校长要进行情感管理

学校要营造和谐氛围,唤起教职员工归属感。领导就是营造这种氛围的核心人物。笔者在杨村第八小学任职时,每年都会为教师手书个性化生日贺卡,为每位教师做专题短片,介绍他们的感人事迹,让教师感受到学校这个温暖的大家庭。总之,校长要把关心教师的工作做在细处、做在实处。要善于及时了解教师工作生活中的困难,准确掌握教职工的思想动态。

管理之魂在于情。学校管理要充满人文情怀。管理之魂在于情。这是对人管理的不二法则。搞好管理的开路先锋不是制度和纪律，而是人与人之间真挚的感情，校长的魅力在哪里呢？实践证明，关心生活比关心工作重要，关心家庭比关心课堂重要。当你真心实意地关心教师的切身利益，老师就会把校长当成"恩人"和"贵人"，就会以"士为知己者死"的炙热情怀投身工作，学校管理就会顺风顺水。

你是谁，为了谁

——写给自己的歌

是谁，踏着晨光来到校园，

身影在日落的余晖中渐远。

是谁，胸中构筑出八小的美好前景，

奔波忙碌中把蓝图实现。

为了谁，你日夜操劳不知疲倦，

为了谁，你把精力都倾注在校园。

八小的日益变化，

让我们不得不慨叹：巾帼远胜须眉男！

是谁，让校园的文明重现，

是谁，让努力求知的学风在校园上演，

是谁，让校容校貌焕然一新，

是谁，把校园设计和管理的秩序井然。

为了谁，你们遭受家长的误解也曾流泪，

为了谁，你们为提高教育质量工作到天黑，

为了谁，美好的假日仍在校园忙碌，每天都是一身疲惫，

群策群力，团结的领导班子使八小奋勇前进。

是谁,在第一缕晨曦中走出家门,在晨光中让校园书声琅琅,

是谁,顾不上身体的劳累,总是精神饱满地走进课堂,

是谁,在满天星斗中结束一天的工作,而第二天仍英姿飒爽,

是谁,关注孩子们的身心和健康,使他们快乐地成长。

为了谁,你顾不上自己的孩子,把所有的爱都带进了校园,

为了谁,耕耘的三尺讲台是你永远的眷恋。

为了谁,你用慈爱的双手撑起千千梦想,实现个个希望,

为了谁,桃李满天下是你一生的夙愿。

是谁,为了教育事业披肝沥胆,

是谁,与时俱进,在创新中发展。

是谁,滴滴汗水中,把教书育人的天职谨记,

是谁,满天夕阳里,只有对学生的殷殷期盼。

这就是我们八小人,

我们用爱心和执着,

坚守着人民教师这光荣的事业,

履行着人民教师的神圣职责。

用渊博和浩瀚的知识,

哺育一代又一代栋梁。

只希望在辛勤工作之后,

能够多一点欣慰,少一些遗憾。

这样,我们才会感到:

青春不悔,生命无憾!

第四节　建设有温度的教师队伍

《礼记》云："建国君民，教学为先。"教师不是一个普通职业，教师是教育过程中最重要、最关键、最基础的力量。有好教师才有好学校、好教育。一个优秀的教师要有家国情怀和责任担当，时刻牢记"为谁培养人、培养什么人、如何培养人"这一教育的根本问题。做一名好老师，就要执着于教书育人，有热爱教育的定力、淡泊名利的坚守，就要有教育理想信念，有道德情操，有仁爱之心，有扎实学识和专业功底。

一、加强师德师风建设，增强教师专业认同

（一）思想铸魂

校长应深入贯彻习近平总书记在全国教育大会上的讲话精神，对教师进行思想政治教育，心理健康教育，法制教育和职业道德教育，使教师树立正确的世界观、人生观、价值观、职业观；组织开展以"内强素质，外塑形象"为主题的系列教育活动，使师德教育序列化、制度化；切实加强学校师德队伍建设，全面提升教师形象；组织教师以学习教育理论为根本，以恪守《中小学教师职业道德规范》为基础，以培养教师具有奉献意识、创新意识、团结合作意识为重点，开展序列化教育；在学校内部开展《中华人民共和国义务教育法》《中华人民共和国教师法》《中华人民共和国未成年人保护法》《中小学教师职业道德规范》等法律法规和制度规范的学习。

（二）德高身正

党的十八大报告强调"努力办好人民满意的教育""培养德智体美全面发展的社会主义建设者和接班人"。党和国家对教育重视，并且把"立德树人"

放在了举足轻重的位置。人民教师肩上的担子更重了。要培养德智体美全面发展的社会主义建设者和接班人，教师应做到德才兼备，要坚持努力向德业双馨的方向发展。

（三）仁爱之心

没有爱就没有教育。笔者从事教育三十载，深知如果教师不爱学生、不爱教育事业肯定当不好老师。教育家陶行知说："没有爱就没有教育。"学生需要教师鼓励才能更好地成长，教师的一言一行可能会改变学生的一生！这就是教书育人工作带来的幸福感和满足感。

牢记爱和责任。教育者要把爱与责任深刻融入教育教学工作中。没有爱心，就没有教育。教师要爱自己的学生，努力做好"学生发展的服务者"，努力做到课上是他们的老师，课下是他们的知心朋友。尊重学生个体差异，培养学生学会调整自己、完善自己和发展自己，同时，教师自己要具有爱岗敬业、勇于担当、乐于奉献、甘为人梯的精神。

（四）典型树德

领导者应以党建工作为契机，努力打造"温暖"文化，发掘教师心灵深处的真善美。党员教师充分发挥先锋模范作用，带领身边的群众在工作中勇于创新、大胆实践，服务好师生，出色完成学校各项任务。学校以温暖人、鼓舞人为宗旨，每年举办如"温暖八小年度人物评选"等活动，从多方面引领教师积极进取、爱岗敬业，努力打造"厚德、博学、包容、超越"的团队精神。

（五）管理立德

学校以班子建设为核心，强化管理落实，严格执行"八项规定"和局党委的各项廉政要求，牢固树立"四个意识"、认真落实"三重一大"要求，通过班子成员集体政治学习、集体议事决策、民主生活会等形式强化党的政治纪律、组织纪律等，提高领导班子的政治意识和服务师生能力，努力把学校领导层打造成党性坚定、廉洁从教、干事创业的先锋表率。

学校通过开展教师职业道德教育活动,完善了由学校领导、教师、学生、家长四个层次全方位的师德评价制度。要求全体教师严格遵守《教师职业道德规范》,做到为人师表。教师与学校签订《师德承诺书》,个人制定了体现职业理想的发展规划,学习先进的教育教学理论,提升育人水平。在教职员工中营造"诚信奉献,爱岗敬业,教书育人,廉洁从教"的师风,积极践行社会主义核心价值观,以"用温暖的教育,办一所让师生留恋一生的学校"的办学理念推动党组织建设,实现"教育有温暖、环境有温馨、师生有成长、学校有生机"。以下以天津市雍阳中学班子成员自鉴自律为例。

雍阳中学班子成员自鉴自律十条

第一条:咱是干部,为党、为校尽心,看党性更显人性。

第二条:只有落后的领导,没有落后的群众。

第三条:人看人,组看组,群众看中层,中层看支部。

第四条:一级做给一级看,一级带领一级干。干部领什么路,群众迈什么步。

第五条:领导干部,干事创业独当一面、领先一步。

第六条:没有大格局,必定要出局。

第七条:办公事不能存私心,办私事不能无公心。

第八条:管理全凭情和理,无须费心搞算计。

第九条:学会沟通,用心沟通,通则不痛。

第十条:真情似火炭,原则不变通。

(六)增能提效

学校鼓励全体教师课余时间阅读有关教育理论书籍,定期开展讨论交流活动。要求老师读好三种书:第一种是"饭碗书"(如教材、教参、课标);第二种是"继续教育用书";第三种是"营养书"(包括文学类书、自然科学、社会科学类书等）。

通过读书,教师开阔了眼界,增长了学识。教师在学校创建"读书交流群"中分享读书心得。教师素养和教育理念的提升,让教师的教育招法变得灵活多样,由于师生关系融洽、学生乐学,每学期都有家长自发为教师送锦旗以表感谢之情。各班还为学生建立了"学情分析单",逐个学生分析各方面潜能,记录学生成长和进步的痕迹,在提升育人水平的同时,促进教师不断反思,及时改进自己的教育教学方法,师生教学相长。

二、加强规划和培训,不断提升教师专业素养

教育不是简单的重复,而是艺术的创造;教育不是无私的奉献,而是自我的实现! 教师不是一劳永逸的职业,我们每个人都需要虚心学习,善于捕捉和运用有价值的学习资源。向大教育家学习,向知名教师学习,向身边的优秀教师学习,甚至要向自己的学生学习。只有不断学习和锻炼,业务水平才能持续提高。做教师,要有自己的教学规划、奋斗目标。有了计划和目标,才能在实际工作中有的放矢,有章可循,思想上才能与时俱进,业务上才能再攀新高,岗位上才能尽职尽责。

（一）学校制定教师发展规划

着眼于教师的个人发展,学校制定了"促进教师专业成长中长期规划",为每一位教师建立成长档案。实施针对青年骨干教师的"成才工程"、学科带头人的"领航工程"等,通过承担教育科研任务、开展研修培训、成长汇报、结对帮领等活动,有效地避免"高原现象"及职业倦怠倾向的出现。学校将培训作为最大的福利提供给教师,让老师享受成长的快乐,促其不断自我超越,铺就教师成为教育家的成长之路。系统、扎实、科学的培养,让教师迅速成长,多名教师在各级各类赛课活动中摘金夺银。

（二）实行集体备课,发挥集体智慧

为了实现资源共享又彰显教师个性特色,学校实行了集体备课制度,减

少了教师备课中所作的无用功,引导教师把精力转移到教材的把握、学情的调研、教法的改进、教学的反思上来,切实提高了备课质量和教学效益。

学校利用网络开展专题教研,网上留言、推荐好案例、交流好文章,教研变成了线上随时的互动。网络也让教研资源极大丰富,有语数英优质教案、课件,供教师备课使用。我们使用的"一起作业",该平台由 PC 端、微信端、App(应用程序)同步使用,手机、电脑均可一键布置、实现网上练习与批改、分析与反馈、激励与评价一体化。学生学习方式的数字化,也大大减轻了教师的负担,"一起作业"在英语和数学教师中广泛使用。

(三)聚焦课堂,加大课堂教学研究力度

学校开展课堂三级建模,三级建模指的是学校建模、学科建模、教师建模。学校建立了健康课堂教学模式(四段八环节)。四段:导入、探究、点拨、运用;八环节:课前准备、引出问题、个体探究、小组研学、互动交流、点拨深化、分层练习、回顾反思。

目前,学校已经完成了语文、数学、英语、音乐、美术的学科建模。在此基础上,学科骨干教师建模,提炼不同课型的教学模式。推广和使用教学模式,确保青年教师的课不走样,骨干教师的课在模式的引领下,逐步形成个性化教学模式,形成独特的教学风格,促进课堂教学的全面提高。

(四)采用激励性评价机制

教师评价采用"基础分＋X"的模式,基础分表示每位教师基本工作达到标准水平,即得基础分;X 表示承担标准工作量之外,主动干的、干得多的、干得好的,再单独设加分项,按照细则加分。这样极大地调动了广大教师完成本职工作的同时,又能积极承担具有挑战性的工作和创新性的工作,一些业务能力强的骨干教师和青年教师都能出色地完成工作量以外的任务和创新性的工作,自身的潜能被激发的同时,也得到广大教师的充分认可。

(五)开展专业系统培训

着眼建设高素质专业化教师队伍,引领教师主动适应信息化、人工智能等新技术变革,积极有效开展教育教学。同时要让教师跟上时代步伐,就要让学习培训成为一种工作和生活的常态。

一是实施青蓝工程。遴选学科导师、德育导师、班主任导师与新入职教师结成师徒。签订结对协议强调师徒双方承担的责任和义务。资深教师手把手、一对一教徒弟如何上好每一节课、带好每一个班、走进每一个孩子的心灵世界。引领青年教师在思想认识、师德修养、专业技能等方面迅速成长。师徒双方,形成微型研修团队,互帮互学、共同成长。

二是开展骨干教师和学科带头人培养工程。为学科骨干教师聘请导师进行系统辅导;有计划地选送各科骨干教师参加市级、国家级培训项目;骨干教师要将特色提炼,就是通过自荐、年级组推荐等形式,确定教育教学效果显著、个性鲜明、群众认可度高的教师以讲座或展示课的形式进行特色介绍。根据学校实际和发展需求,培养了师德高尚、业务精湛、科研成果丰富的骨干教师,带动全体教师的整体发展,发挥了较好的辐射作用。

三是实施专业引领。充分发挥市、区教育专家、骨干教师,以及学校骨干教师、老教师的示范和引领作用,搭建教师交流成长的平台。邀请校内外名师、专家开展系列学术专题讲座和研讨会。并适时组织有关教师外出考察、分批组织教师学习进修等活动,推进学校教师培训工作。

(六)学校搭建平台,教师间在互动中共赢

第一,教育管理实战大比武。开学初,学校安排班级管理特色班主任微信群互动活动,杨村第八小学三十九位班主任积极将自己的特色有效的做法通过视频、文字说明两种形式展现出来,班主任间取长补短,相互促进,促进了全校班级管理整体上水平。

第二,骨干教师发挥传帮带作用。为了年轻教师工作少走弯路,尽快摸索出自己的教育教学风格,学校定期举行形式丰富的拜师活动,拜师学习囊括学科引领、班级管理、特色教学四大领域,师徒教学相长,共赢的效果显著。杨村第八小学教师刘艳凤在儿童诗教学方面独树一帜,现已收徒弟四名。通过师傅平日的指导,徒弟已在儿童诗教学中崭露头角,很多学生喜欢创作儿童诗,掌握了诗歌加工润色的基本方法,涌现出大量反映现实生活的诗歌作品,已有三十余首优秀作品已陆续在《金摇篮儿童诗报》发表。

三、围绕教师发展需求,建设有温度的工作环境

（一）实行民主管理,提高教师的参与学校治理意识和能力

学校把人本理念渗透进学校制度建设中。探究一种重价值引导,轻约束惩罚的学校制度。这样不仅有利于学校道德风尚的形成,更是学校可持续发展必需的。

制度要体现民意。制度形成之前要做好民意调研,让教师们参与制度建设,让制度反应大多数人的意愿而不单纯是领导者意愿。同时,制度的内容要与时俱进,根据发展需要,不断给制度赋予新的内涵,通过多种途径广泛征求意见,以教代会的方式制定、修订和完善学校各项规章制度。

充分发挥工会和教代会审议、监督职能作用,不断提高决策的民主化水平。在充分发挥党团组织凝聚力、战斗力的基础上,聚合多方力量促进学校管理。

一是设立咨询委员会。由校内德高望重的老教师牵头,组建学校咨询委员会。其主要任务是广泛了解民意,从不同角度为学校发展建言献策;用自己的宝贵经验激发教师生活、工作的热情,化解教师心结;把握积极正面的舆论导向、营造和谐温馨的工作氛围。

二是发挥家委会作用。支持家委会在家校沟通、家教培训、管理决策等多方面参与学校工作。

三是成立教师社团。学校支持一些教有所长、独树一帜的特色教师建立"国学社""书友会"等社团,凝聚志趣相投的老师,发展兴趣、陶冶情操、促进教学。

让每一位教师感受幸福和尊严。不让任何人受到冷落。各项制度措施

的出台,充分征求教师意见、充分保护教师权益、充分尊重教师情感,并落实在考核、考勤制度中。因病、因事确实需要关照的教师,由本人申请,经教代会审议,校内公示后,可以调整工作时间。教师感受到学校如家的温暖,心情舒畅,充满感恩,工作也倍加努力。

（二）关注教师身心健康,提升教师幸福指数

关心教职工的精神需求,关注教师的心理健康。给予教师充分的信任,赋予教师更多的责任,尊重教师的自主权,开诚布公,学校利用教代会、工会,让教师表达对学校工作的意见与建议,让教师行使当家作主的权利;学校为教师定时间,定场所,定讲师开设"心理课堂",提供学习材料,竭力保障教师心理健康,提高教师幸福指数,促进师生心理健康发展;每年都邀请知名学者、专家、心理咨询师等到学校开展各类讲座、心理辅导等活动,缓解教师紧张的工作压力,调节教育教学气氛,让教师的精神张弛有度,进一步调动教职工的积极性,形成爱岗敬业、忘我工作的良好风气,营造团结和谐、积极进取的良好氛围。

关注教师身体健康。结合学校工作实际,每年都开展教师健康体检活动,让教职工按时接受身体检查,对疾病早发现,早治疗,早康复;结合全民健身运动,开展"我运动、我健康、我快乐"活动;设立体育活动室、舞蹈教室、器乐排练室等活动教室,为教师配备羽毛球、篮球、足球、跳绳、呼啦圈等健身器材,组织教师举行篮球赛、乒乓球赛、教师趣味赛、教职工文艺表演大赛等丰富多彩的文体活动,鼓励教师在工作之余积极参加体育运动,打造健康体魄。

学校在管理过程中充分尊重教师们的意愿,充分体现对个体的关怀,让教师能够身心愉悦地工作。每周二、周四下午放学组织太极、健身操、篮球等有氧运动,缓解教师工作压力。每年的妇女节、教师节、元旦等节日,学校工会组织趣味运动会,放松教师的身心,做到劳逸结合。

开展教师救助帮扶活动。组建志愿者服务队,尽全力解决教师生活中难事、大事、急事。学校定期对困难教师进行摸底排查,对家庭生活困难的教师

开展救助帮扶活动，为教师子女上学、教师居住、赡养老人、教师家属就业等问题出力献策，改善教师生活条件，解除教师后顾之忧，温暖教师心灵。

（三）创设条件，促进教师专业不断发展

学校为一线教师每人配备笔记本电脑一台，办公室安装空调，教室配备多媒体器材，为教师设立图书阅览室，给教师订阅报纸杂志以及各类教学资料，为城区教师提供休息宿舍等，以良好的绿色、低碳、环保的工作环境和条件，让教师敬业乐教，从心底里形成从事教学的自豪感和荣誉感。

引领精神，澄静心灵。学校通过分享美文、谈心聊天、发送校长短信等方式，与教师做心与心的交流，引领教师做心态良好、待人宽厚、懂得合作、善于分享的现代教师，帮助教师形成积极、阳光的生活观和工作观。

鼓励教师高品位阅读，滋养精神成长。教师的专业发展，需要经典专著的引领。通过阅读能实现和大师对话，与先贤同行。开展基于教师专业发展的阅读，并自觉衔接到教育教学实践。边阅读、边思考、边转化，把阅读、参悟的观点方法转化为教育教学行动。

一是学校成立专项保障基金。根据教育名家推荐的读书目录，为每位老师提供购书专项基金，供教师自主选择书籍阅读。

二是开展活动促进阅读。第一，自主泛读。每学期举办两次教师读书分享交流活动，年级或处室主任组织交流、点评。教师间分享的不仅是心得感悟，还有转化后的行动和收获。把自己所思所感渗透到自己的教学实际中，将理论与实践相结合，提高了教师的专业素养。第二，领读者行动。开展领读者系列活动，由中青年骨干教师担任领读者，引领全体教师共同参与阅读。

第六章　温雅教育的成效

一所现代意义上的好学校,应该有温度、有气场、有聚合力,让每个人身心得到关照、正能量得到激发,温雅教育的成效也就在其中。对于学生来说,学校应该是一个喜欢来、舍不得走的地方。学校里有他们喜欢的老师、同伴,友善温馨、团结互助的人际关系,会使他们获得极大的满足和喜悦。学校里有他们喜欢的课程,能在课程习中获得成长、成功与快乐,为终身发展奠基。学校里有丰富多彩的活动,可以强健体魄、愉悦精神,个性潜质得到发现、培植和增长,能形成受益一生的兴趣和特长。对于教师来说,学校不只是一个工作的地方,更是一个自我发展,愉悦精神的地方。教师在这里应该获得尊重、收获友情、成就梦想,能够看到自身成长的云梯,感受到专业发展的动力,激发起为国育人、为民育才的使命感。

第一节　注重思想引领,坚持立德树人

古人说:"敬教劝学,建国之大本;兴贤育才,为政之先务。"青少年教育最重要的是教给他们正确的思想,引导他们走正路,做好德育和思政教育工作是中小学贯彻落实立德树人根本任务的关键。在"以人为本,追求发展,追求卓越"的办学理念引领下,笔者始终坚持把德育工作摆在首位,认真落实《天

津市中小学德育工作评估方案》和《天津市中小学班主任工作评估方案》，积极探索新形势下德育工作的新途径、新方法，取得了显著的德育成效。

一、加强了"四个方面"建设

在杨村第八小学，笔者重点加强了德育队伍、班级文化、德育科研、家长学校四个方面的建设，取得了一定成效。

（一）德育队伍建设

一是以《天津市中小学德育工作评估方案》和《天津市中小学班主任工作评估方案》为指导思想，建立了由校长、专职德育干部、班主任三级德育管理网络。

二是以《中小学教师职业道德规范》为抓手，采取专家引领和校本培训相结合等方式，每学期初组织全体德育队伍集中培训，统一了思想，明确了任务，交流了经验，提升了能力。学校定期选送专职德育干部和班主任参加各级各类德育培训，系统地向老师推荐阅读书目，组织读书交流（《第56号教室的奇迹》《细节决定成败》《影响教师的100个好习惯》）。

三是发现和总结班级德育工作先进典型，进行管理特色经验介绍，发挥了激励、带动作用。

四是通过带教师参观福利院、特殊教育学校、组织观看《感动中国人物》、举办"温暖八小年度人物评选"等方式，传递直抵心灵的正能量。引领教师做心态良好、待人宽厚、懂得合作、善于分享的现代教师。另外，各项制度措施的出台，充分征求了教师意见、保护教师权益、尊重教师情感。

（二）校园文化建设成效

一是实施了班级专项考核制度。考核内容有：纪律、卫生、板报设计、主题班会、升国旗、路队、班主任手册等，每大项设有达标分，每月总结评比一次，每学期集中奖励一次。所有的班级都有班规、班级管理网络、学生操评

(用贴星、贴笑脸或加分等形式体现)三项内容。制定班级制度时,要求班主任必须以协商的方式,师生共同制定,并以现有的教育法律法规为基础,体现了简明扼要、务实、有效。

二是教室的布置体现了个性化、书香气、能育人,环境优美、整洁,物品摆放整齐有序。

三是开通了班级博客,内容包括:班级动态,家教经验;学生作品,家校互动等栏目。家长通过博客及时了解班级情况,与教师探讨教育问题。

四是借助建设书香校园和书香家庭,建立了家校和谐、统一的学习共同体。

(三)德育科研建设成效

学校顺利完成了《小学高年级学生不良行为的矫正方法与策略》《学校德育考核评估的研究》《家校互补培养小学生阅读习惯的研究》《校园文化建设的研究》等专项课题研究,用课题研究带动了德育工作上水平。

(四)家长学校建设成效

一是分年级召开家长会,采取集中培训家教的方法,帮助家长转变了家教观念。完成了《家长指导孩子课外阅读的 8 种方法》《隔代人教育孩子 8 种情况及对策》《孩子磨磨蹭蹭做事的 10 种情况及对策》《家长如何应对孩子注意力不集中的情况及对策》等专题培训。

二是班主任及科任教师每日短信沟通、专题致信沟通、定期电话沟通、学期当面沟通等多种形式,增进了家校配合,提高了教育质量。

三是取得了家长委员会的配合和支持,开展了丰富多彩的家校活动,帮助家长形成了正确的家教理念和基本的家教能力。邀请家长到学校参观、参与师生活动、做讲座,在校长 QQ 空间、班级博客中交流教育观点、家教方法,使家庭和学校形成了有效的教育合力。

二、强化了养成教育

天津市雍阳中学把教会学生做人作为德育工作的最高追求,强化了习惯和品德培养。

(一)规范了学生日常行为

根据学校寄宿制特点及学生实际,在广泛征求、采纳学生、家长意见、建议基础上,学校制定了一系列科学、完善的学生管理制度,并汇编为《雍阳中学学生手册》,成为学生共同遵守的行为准则。各项管理制度通过校内广泛宣传、班内学习交流、班级德育量化评比、学生会定期抽查等不同的方式和手段得以有效落实。

(二)推进了学生自主管理

每年九月,学校举行校学生干部换届竞选。对于每一届新当选的校学生干部,德育处定期组织培训会、交流研讨会等,使学生干部熟悉学生管理制度,树立优秀典型,推进学生干部积极参与学生自主管理。校学生干部是来自班级的优秀群体,他们作为学生自主管理的骨干力量,在对各班进行监督检查过程中,成为班级干部学习的典范,班级干部又是广大同学学习的榜样,以点带面,层层推进,逐步将行为规范转化为了学生自觉行动。

(三)创新了学生管理途径

在天津市雍阳中学的每个学生都有管理者与被管理者的双重身份。为了让他们都体会到管理者的艰辛。近几年学校实行了值周班轮岗管理模式,用换位思考的方式唤起学生的责任意识,并认识到:自己既是制度的制定与监督者,又是制度的执行与遵守者,从内心深处明确哪些是好的行为习惯,哪些是不该做的,从而树立起正确的行为目标,自觉约束行为,自觉坚持良好习惯。

三、开展特色活动

天津市雍阳中学坚持以爱国主义教育为主旋律,以价值观教育为核心,以优秀传统文化为引领,以实践课堂为平台,以养成教育为切入点,扎实开展丰富多彩的活动,让学生在实践中接受教育,体验成长快乐,内化为自觉行为,提升学生的道德修养。

（一）主题教育坚定了理想信念

每年为期一周的新生国防教育夏令营活动,部队教官与学生同吃、同住,强化学生的爱国主义教育、国情教育与国防教育;七年级建队仪式,八年级十四岁青春仪式,九年级入团仪式给不同阶段学生以价值观引领;"十九大宣讲"活动,党支部书记亲自为学生解读党的大政方针,提升学生思想政治素养;时代好少年、美德少年的评选让全体学生们争做"行为的高标,实践的典范",等等。丰富多彩的主题教育活动培养了学生爱家、爱校情感,坚定理想信念,明确责任使命,树立报国之志。

（二）志愿服务培养了责任意识

自建校起,学校就组建了一支志愿者服务队,每年新学年初开展纳新工作,现有学生志愿者200余人。在校团总支的组织下,每学期开展两次培训活动,每月开展一次志愿服务活动,每学年末举办志愿者表彰仪式。多年来,志愿者团队本着"奉献、友爱、互助、进步"的服务精神,组织开展敬老、护幼、助学、环保、科普、文化宣传等志愿活动。2017年,志愿者们带着学习生活用品来到天津市和平之君福利院与小朋友互动游戏;志愿者深入社区,开展了垃圾分类宣传和模拟投放实践活动。志愿活动展现了雍阳学生"好修养、高素质、讲奉献、有担当"精神风貌。

（三）研学活动拓宽学生视野

每次研学活动,学校都深入到教育基地进行调查研究,充分挖掘教育资源,将当地的风土人情、历史文化与学校特色活动、学科教育有机整合,制定出详细、合理、独具特色的研学方案,并面向全体学生发放研学手册,手册内容包括:基地介绍、日程安排、知识问答、研学日记等。

在研学过程中,将思想道德教育、礼仪文明教育、生态节约教育融入研学活动中,用爱国仪式、户外课程、探索实践等充实研学内容,形成了思想教育、知识积累、集体生活方式、社会道德体验四位一体的研学模式。

多年来,学校借助当地资源开发许多特色研学活动:参观空军部队飞行表演,与大型战备武器零距离接触;在公安局110指挥中心,学生现场了解接警、调度、信息发布等应急指挥程序;在绿博园、热带生态植物园,生物、地理兴趣小组进行实地考察,美术小组开展艺术写生。在"学农基地"的劳动实践中,学生或为农作物除草,或采摘农作物,体味劳动、收获的快乐。

2017年,学生在实践基地亲自种植、栽培太空作物。今年,学校组织"走进南开大学"研学旅行活动,在南开校园,七年级开展建队仪式、八年级开展入团仪式,国学社团在西南联大纪念碑前展示经典诵读《上下求索》,抒发爱国情怀,借南开厚重的历史文化激发学生民族自尊心和自豪感,用学生对高等学府的向往来开启雍阳学生梦想之门。

四、挖掘社会育人资源

思政教育绝不能仅仅停留在课堂教学和校园文化活动的层面,还应以社会为大课堂,广泛开展深入扎实的实践活动。社会实践活动要坚持知、情、意、行相结合的原则。活动的内容要与课堂教学以及学生十分关注的社会问题相结合。

（一）建立实践基地

杨村第八小学一方面建立了校内德育基地。通过定期组织学生参观学校荣誉室,让学生了解学校光荣发展历程,增强了学生对学校的归属感和自豪感。通过培植主题鲜明的环境文化,每层楼突出一个主题,从传统文化到身心健康多角度对师生进行了文化浸润。

天津市雍阳中学把思政小课堂同社会大课堂结合起来,利用武清区博物馆资源、各个社区的党员活动中心以及新东方培训学校等丰富资源,通过衔接课程教学、拓展活动形式等方式,充分挖掘与拓展资源中所蕴含的育人功能,使其有效地转化为丰富的课程资源,教育引导学生立鸿鹄志,做奋斗者。

比如,七年级发挥武清博物馆作为学校思政实践基地作用,开展研学活动,参观武清博物馆中的历史沿革馆,激发学生爱国情感。从爱自己、爱父母,到爱班级、爱学校、爱武清,在探究武清发展史中培育浓浓爱校、爱家乡、爱国意识,真正理解雍阳文化内涵,在品出雍阳味道的同时,厚植爱国主义情怀。

八年级运用"模拟法庭"方式实现公民法治教育功能。学校为了促使学生将学习的法律知识融会贯通 开展思政课拓展教学实践活动——模拟法庭。学生按照预设身份着装并分别担任审判长、审判员、人民陪审员、书记员、法警及被告人等相关角色,通过模拟法庭活动,强化实践体验认识,让学生更直观地感受司法的程序和力量,知晓知法、守法的重要性。九年级利用社区党员活动中心定期开展志愿服务活动,增强了学生的使命感、责任感、荣誉感。

(二)建立了专家团队

天津市雍阳中学整合教师资源,把专家学者、社会知名人士、学生校友以及学生家长等各界人士纳入思政教育体系,以满足学生多样化的发展需求。

通过不断努力,杨村第八小学先后荣获了全国教育系统先进集体、全国示范家长学校、市级行为规范示范校、市级优秀家长学校、市级思想教育工作先进校、市级中小学德育工作先进校、市级师德建设先进单位、市级落实《辅导员纲要》示范校等多项荣誉。

天津市雍阳中学先后荣获了天津市文明学校、天津市师德建设先进单位、天津市教育系统思想政治工作先进集体、天津市实施《中小学生日常行为规范》示范学校、天津市中华优秀传统文化艺术传承学校、天津市中小学法制教育先进学校、天津市优秀家长学校、天津市阳光体育活动先进学校、天津市武清区关心下一代先进集体,学校团总支荣获武清区五四红旗团支部(总支)称号,学校少先大队被评为天津市优秀少先队大队。

在 2020 年度的优秀思政课(论文)评选中,赵春英老师的思政课《延续文化血脉》获武清区二等奖,樊荣老师的论文《融入交互教学方式,创设"三有"思政课堂》和思政课《以礼待人》分获武清区二等奖和三等奖,杨迪老师的双优课评选《国家好,大家才好》获校级一等奖,赵春英老师的双优课评选《促进民族团结》获校级二等奖。在武清区"传家训、立家规、扬家风"征文评选活动中,马嘉瑶同学的《家风伴我成长》荣获区级一等奖,程铭涵同学的《家风滋养我成长》荣获区级二等奖,雍阳中学荣获区级优秀组织奖;在"学习抗疫英模点赞伟大祖国"主题教育学生征文比赛中,张靖昂、王泽萌、张薷丹三位同学分别荣获市级二等奖,贾文娟老师荣获市级优秀指导教师奖;在 2020 年武清区中小学"我们是新时代爱国者"主题演讲比赛中,慈妤茉同学荣获区级一等奖;唐卿雅同学荣获第十四届宋庆龄奖学金;在武清区中小学生"四史"学习教育知识竞赛线上答题活动中,庞梓奕、王贺铭等 30 名同学被评为"四史"学习小标兵;在天津市第四届学生"学宪法讲宪法"演讲比赛中曹跃千同学荣获初中组三等奖,尹秋颖老师荣获优秀指导教师奖。

第二节　书香润泽校园,阅读点亮人生

通过国学经典诵读和大语文阅读等形式推动"书香校园"建设,目的是提高学生的语文素养和思想文化修养,促进学生的精神成长,以中华传统优秀文化之精粹对学生进行熏染与浸润,让学生通过经典的诵读与学习,增加对本民族优秀传统文化的认同感。

书香能够润泽校园,因为其扎根于千年传统文化的沃土,能够帮助树立学生健康、阳光的心态,塑造学生良好品格,让传统文化的理念和内涵真正扎根于每位学子心中,进而能够积极推动形成良好的校园文化氛围,培育独具特色的校园文化。阅读能够点亮人生,因为其将社会主义核心价值观深深根植于"传承文化之风,熔铸品质教育"之中,深入挖掘中华文化正能量,创新活动形式与载体,积极推动社会主义核心价值观进课堂、进家庭、进头脑,真正融入教育全过程,使社会主义核心价值观在细中、小中得到落实,为学生的终身发展积淀厚重的文化底蕴。

一、分解细化,让阅读目标落到了每个阶段

杨村第八小学通过分解细化,具体落实了大语文阅读,学生的阅读能力、写作能力、诵读古诗词的能力均得到学生、家长、社会的认可,受到了各级领导一致好评。

(一)实现了学生课外阅读目标

在学生课外阅读上,每学年学生的课外阅读量为:一年级 2 万字,二年级 3 万字,三年级 15 万字,四年级 25 万字,五年级 50 万字,六年级 50 万字,合计 145 万字。每年班级学生二分之一及以上达到规定字数的,评为阅读合格班级;班级学生三分之二及以上达到规定字数的,评为阅读优秀班级。学生个人达到新课标规定的每年级阅读字数的,学校为学生颁发纪念证书。

(二)实现了学生诵读古诗目标

一年级学生每学期诵读古诗 15 首,每学年总计 30 首。学期末检查时班级学生二分之一及以上会诵读 30 首的,评为诵读合格班级;班级学生三分之二及以上会诵读 30 首的,评为诵读优秀班级。学生个人达到诵读 30 首的,学校为学生颁发纪念证书。

二年级学生每学期诵读古诗词 20 首,每学年总计 40 首(不含一年级诵读的 30 首)。学期末检查时班级学生二分之一及以上会诵读 70 首(含一年级

30首)的,评为诵读合格班级;班级学生三分之二及以上会诵读70首(含一年级30首)的,评为诵读优秀班级。学生个人达到诵读70首(含一年级30首)的,学校为学生颁发纪念证书。

三年级学生每学期诵读古诗15首,每学年总计30首(不含一、二年级诵读的70首)。学期末检查时班级学生二分之一及以上会诵读100首(含一、二年级诵读的70首)的,评为诵读合格班级;班级学生三分之二及以上会诵读100首(含一、二年级诵读的70首)的班级被评为诵读优秀班级。学生个人达到诵读100首的,学校为学生颁发纪念证书。三年时间确保大部分学生诵读古诗100首。

(三)实现了学生诵读古词目标

在学生诵读古词上,四年级至六年级学生诵读古词,每学期10首,每学年20首,三年时间确保大部分学生诵读古词60首。每年班级学生二分之一及以上会诵读20首的,评为诵读合格班级;班级学生三分之二及以上会诵读20首的,评为诵读优秀班级。学生个人每年达到诵读20首的,学校为学生颁发纪念证书。

(四)学生明辨是非能力得到提升

学生在提升阅读写作能力的同时,违规率有所下降,明辨是非的能力得到提升。比如在2015年4月13日,学校开展了阅读展示活动。在活动中,学生们用丰富的表演形式展示了自己的阅读成果。

低年级学生将《咏鹅》《春晓》等古诗改编成舞蹈、表演唱等形式,使全场观众报以热烈的掌声;把描写四季的古诗串联在一起,通过吟诵、表演的形式,把古诗的美好意境进行升华。

中年级的学生们在阅读中创新,在阅读中升华,他们将所学的课文内容进行再创作,改编成了课本剧,使所学知识得到了更深入的理解。

高年级的学生在大量的阅读的基础上,自创了短文、诗歌,写得有模有样,还专门举行了年级的诗歌诵读和班级的读书交流会,学生们将自己的小诗集结集成册。

学校有创意的展示活动得到上级领导的赞誉,被天津卫视新闻栏目和武清区电视台报道宣传。"课外阅读和古诗词诵读"活动在 2015 年分别被天津市教委和中华人民共和国教育部评为"落实社会主义核心价值观教育优秀案例"。

二、多元融合,让国学经典浸润了每位学子

天津市雍阳中学将国学经典与学校德育相结合,与中学生日常行为教育相结合,与学校特色创建工作相结合,与文史教育、艺术教育等学科教学相结合,与中华传统节日、民风民俗、社会实践活动、家庭教育相结合,与校园文化建设相结合,努力让国学经典浸润每一位雍阳学子。

（一）语文教师示范引领,激发了学生情感

编撰整理了大语文阅读活动学习材料《纸窗竹影客宋唐》,增加学生的课外阅读量,让中国传统文化熏染浸润作用最大化,让学生成为中华传统文化沃土上健康成长的气节少年,为学生成为有高尚道德情操的文化人奠基。

学校以中华传统优秀文化之精粹对学生进行熏染与浸润,让学生通过经典的诵读与学习,增加对本民族优秀传统文化的认同感,借个性化阅读,提高学生的语文素养和思想文化修养,促进学生形成正确的人生观、健全的个性人格和乐观向上的审美情趣。同时,把阅读活动贯穿语文课堂教学始终,通过主题阅读和整体阅读等形式深化对文本的深层理解和感悟,为学生理解课文、感悟生活注入源头活水。

（二）与德育工作相结合,培养了学生品德

结合养成教育平台,国学教育做到"润物无声"。"谁知盘中餐,粒粒皆辛苦"传达了从小要尊重劳动人民、爱惜劳动果实的美德;"知之为知之,不知为

不知，是知也"教育学生要实事求是，讲求诚信；"己所不欲，勿施于人"指明了为人处世的准则……通过阅读国学经典，让同学们体会到"仁""礼"的重要性，在行为、言谈、举止方面培养自己的高尚品德。

（三）专家进行专题讲座，感受了文化魅力

学校邀请中国书法家协会学术委员、中华诗词学会理事、中国文字博物馆特聘学术委员黄君先生做了《中华诗词与书法的美》专题讲座。在活动过程中，黄君先生不但为全校同学上了一堂精彩的诗词知识普及课，还向学校赠送了本人的书法作品，引领全校师生感受诗词、书法艺术之美，感受祖国传统经典文化的魅力。

（四）创新文化表现形式，传承了国学经典

学校定期开展了"经典浸润心灵，诵读启迪人生"经典诵读比赛。

活动以诵读为主，伴以吟唱、舞蹈、表演等多种表现形式，优秀的诵读作品在学校的校园艺术节进行展演。国学社团不断创新展示形式，在诵读基础上，融入古典舞蹈元素和传统武术元素，充分展现了传统文化的魅力。

多元化的国学经典教育也取得了丰硕的成果：中国教育电视台《传承的力量》节目组曾专程来学校报道国学经典诵读开展情况。国学社团"四时雅颂"团队代表武清区参加天津市第二届少年儿童学国学诵经典才艺展示活动，获市级三等奖。以歌舞吟唱为主的《诗经·蒹葭》、诵读加武术表演《满江红》，曾助演"我要上春晚"小区分赛，成为学校国学诵读活动的经典之作。融吟诵、歌舞为一体的国学节目《春之韵》参加武清区诵读比赛荣获区级一等奖。国学经典诵读节目《上下求索》应邀参加 2019 年武清团区委"庆五四文艺演出"和武清区"诵国学进社区"系列活动——英华汇第 67 期公益悦读会，好评如潮。

另外，学校在《诵读国学经典 打造书香校园》活动中被评为全国中小学德育工作优秀案例，在"全通教育杯"天津市第三届少儿学国学诵经典才艺展示大型公益活动中荣获中学团体组市级三等奖、优秀组织奖,在武清区"好书伴我成长"中小学读书系列活动和"传家训 立家规 扬家风"征文评选活动中分别荣获优秀组织奖,在"美好生活 劳动创造"主题教育读书活动和"学习抗疫英模 点赞伟大祖国"征文活动中被评为先进集体。

在武清区"好书伴我成长"中小学读书系列活动中,共有 6 名学生分获区级一二三等奖,刘娟、赵萌、于娜、陈淑红、侯胜洋、张伊、卢金秀、谭中华、李慧霞等分别获得优秀指导教师奖。贾文娟老师在"学习抗疫英模 点赞伟大祖国"主题教育学生征文比赛中荣获优秀指导教师奖。在"美好生活 劳动创造"主题教育读书活动中,曹跃千同学荣获市级三等奖,卢金秀老师荣获区级"优秀指导教师奖",周立静老师荣获区级"优秀工作者奖"。王长君老师在"我为祖国点赞"主题教育读书活动学生征文比赛中荣获优秀指导教师奖。

第三节 关注心理健康,塑造健全人格

"青少年的心理健康和身体健康同等重要。要做好学生的心理健康教育,引导他们的心理朝着健康方向发展,为他们健康成长打下坚实基础。青春期是儿童发育到成人的重要转折时期,此时的心理健康对于培养独立健全的人格、形成自信自强的精神品质、树立理想信念和生活目标都至关重要。"[①]《健康中国行动——儿童青少年心理健康行动方案(2019—2022 年)》指出:"儿童青少年心理健康工作是健康中国建设的重要内容。随着我国经济社会快速发展,儿童青少年心理行为问题发生率和精神障碍患病率逐渐上升,已成为关系国家和民族未来的重要公共卫生问题。"

心理健康教育一直以来都是天津市雍阳中学的重点工作之一,尤其是在

---

① 亢德芝.重视青少年心理健康问题.人民日报[N].2019—05—23(18).

2020年，突如其来的新冠肺炎疫情严重威胁着每个人的生命安全和身心健康，青少年作为消极体验易感人群，更易受到疫情影响而产生一些心理问题。对此，学校积极采取各种有效的应对措施，取得了"战疫"成效。

一、形成了全员参与的工作机制

校长担任学校心理危机干预小组长，高度关注，积极鼓励，督导学校领导干部关心学校里的每一位教师，使用微信送关爱、送祝福。同时，也鼓励全校的班主任做到每天给学生一个问候，一个赞美。这种自上而下的"无微不至"，在全校形成了浓郁的归属感，消融了一个冬天的寒冷，让每一个人感受到了自己的存在价值和意义。

二、利用多样化的教育资源

（一）积极利用学生的情绪资源

根据上学期学生心理健康调查状况，学校积极利用学生的情绪资源，结合青少年青春期认知特点，进行备课。

比如，结合学校八年级学生的心理发展特点，制定了适合年级学生的心理健康教育教学计划。制作了《我的生命观》上中下三部课件，利用手机直播，微信互动、钉钉云课堂等形式，与学生进行资源共享。通过"我的生命观——我爱我"的体验探索活动，帮助学生理解了整个世界正因为有了生命的存在而变得异常精彩，而悦纳自己的生命是爱自己的表现。爱自己，就要接纳自己的完整性，完整地接纳自己。同时也要懂得，每一个人都有优点和缺点，爱自己，就要做到用优点为自己奠定自信，用缺点为自己发展觉醒力。

通过"我的生命观——我爱你们"分享体验，帮助学生认识到每一个生命个体的存在和发展都离不开他人的支持和帮助，生命个体的相互帮助、相互依存构成了和谐美好的社会。帮助学生理解了生命的自我教育就是要认识生命、理解生命、尊重生命，进而珍惜有限生命，建立起乐观、积极的人生观，同时鼓励学生培育生命责任观。

（二）线上亲子沟通的辅导助力

为了更好提升学生自己对生命更积极的体验,学校的心理咨询室发起了"21 天爱的家庭练习"活动,该活动意在让学生每天和父母进行一分钟的拥抱,对自己能够表达"我爱我",对家人们能够表达"我爱你们"。在新冠肺炎疫情期间,通过爱的行为表达,不断带给学生新的认知和体验:我能够体验对生命的积极情感;我能够更加珍惜自己的生命、家人的生命,其他人的生命。敬畏生命,行有所止,行有所为。同时,推动家长们回到家积极参与"21 点歌声传情陪伴你",一首歌曲,一个拥抱,打破了原有的僵化与隔阂,很多家长从开始的不适应,到慢慢接纳了这种亲密关系的修复,亲子间发生意想不到的转变。

为了帮助学生更好地疏解不良情绪,学校安排由国家二级心理咨询师跟学生们进行"15 秒歌声传情"互动。学生们用不同的歌曲表达自己内心的情绪,尽情地释放自己,通过该活动,让学生懂得用更健康的方式帮助自己舒缓情绪和压力,从根本上发展出了合理的认知,获得了更成熟稳定的自我心理防御机制。

（三）借助更多云资源

学校通过让家长收听收看如《杨凤池教授:亲子沟通的原则和态度》《赵喜刚博士:父母尊重孩子,发展孩子健康自尊》《倾听——亲子关系的幸福秘诀》《钱铭怡教授:延长的假期里如何做到心理健康》等心理讲座,让家长懂得了培育一个热爱生命的健康的孩子,源头活水就在家里。家长们对孩子生命完整性的接纳程度,决定了爱孩子的水平和质量,同时,也决定了一个孩子自己生命价值感的水平。

三、学科共育，形成了全校心育大环境

（一）注重心理教育的学科渗透

课堂教学不仅是科学知识传授的过程，也是学生心理发展的过程，从教材内容看，各科内容都是很好的心理健康教育素材。因此，学校开展的心理健康教育并不是孤立进行的，而是与其他学科的教学相互渗透，全方位地对学生进行心理健康教育。如：语文课、思想品德课都能陶冶学生的心灵，塑造高贵优雅的品质；数学课、自然课可以训练学生的科学思维等。在教学过程中渗透相关知识，可以使学生处处都感受到真、善、美的教育，提高自身的心理素质，且作为教育的主体，教师不仅在知识上影响着学生，而且教师的人格魅力也在师生互动中起到潜移默化的作用。

（二）加强了与班级管理的相互结合

1. 班级谈心日记

由学生撰写谈心日记，把心里想说的话都写在里面，提出自己的困惑和困难，教师通过日记与学生进行心与心的交流，它成为师生心灵沟通、情感交流的绿色通道。

如七年级有一名学生在日记中谈了自己学习上的退步以及由此产生的焦虑，班主任阅读之后，就对学生的学习情况有了了解，及时做出指导。八年级有一名学生在谈心日记中写到他为一点小事而苦恼，又与同学关系不好……从学生的一篇篇日记中，老师能了解到学生的情况，也能了解到班级的情况。还有的学生在谈心日记上提到最近父母总是吵架，自己心里很是烦恼，更无心学习。该生的班主任阅读之后，恳切地帮他分析，并提出建议。该生回去后过了不久再一次写了自己的感受，觉得在老师的劝慰下心里舒服多了。

2. 利用主题班会

班主任可以充分利用主题班会对学生进行心理健康教育，引导学生正确

认识自我,规范自我行为,激发学习兴趣,增强班级凝聚力。

如七年级是新入学的学生,这时可以组织类似"我爱班级我的家"主题班会,或通过歌舞、演讲等形式促进师生之间、生生之间的交流和了解,以此提升班级凝聚力;八年级班主任则是有意识地帮助学生确定每次班会的主题,培养学生自己主持开展班会活动的能力,通过班会使学生自行处理班级中存在的问题,也可以针对班级中的现象及自己的困惑等加以讨论争辩,就争论的焦点问题发表自己的看法,拿出解决问题的最佳策略及应对措施;九年级主题班会中在和谐的氛围消除了学生表达中的胆怯心理,鼓励学生有话想说,有话敢说,有话愿说,促进相互间的情感交流。

(三)有效沟通促进了家校双赢

以各种方式联系家庭,引导学生家长关心子女的心理健康,是对学生进行心理教育的重要方式。由于学生家长与学生固有的血缘关系,感情和伦理道德上的内在联系,家庭教育直接影响着学校教育的效果,也是学校教育所不能代替的一种力量。在发现学生心理有缺陷时,学校就及时与家长联系,做到及时矫正,引导学生热爱生活、关心他人,培养他们的责任感、独立性、自尊心和自制力,养成乐观进取的人格品质。

学校积极开通线上线下渠道,意在让学校与家庭同步实施心理健康教育。线下在家长会上指导家长转变教子观念,了解和掌握心理健康教育的方法;线上指导家庭如何更好地助力孩子的健康成长,提醒家长要保持自身良好的心理素质,营造健康的家庭环境。

实践证明,要使学生的心理得到健康发展,学校及教育工作者必须掌握好心理知识,遵循学生心理发展的规律,在实践中灵活运用心理教育规律,探索学生的心理发展,总结心理教育的经验,与家庭、社会紧密联系,才能取得良好的成效。

附：2020 年天津市雍阳中学心理健康工作日志

2020 年天津市雍阳中学心理健康工作日志

2020 年 1 月，启动新冠肺炎疫情阶段雍阳中学心理危机预警机制。

2020 年 1 月，雍阳中学积极抗"疫"心理"小孙姨"热线开通，由南开大学应用心理学硕士、国家二级心理咨询师孙雪萍老师负责；微信、钉钉以及 QQ（即时通信软件）同时在线。

2020 年 1 月到 5 月，疫情居家学习阶段。孙雪萍老师通过钉钉表单分析整理出八年级学生心理健康状况、学生学习控制力情况、亲子关系状况等大数据分析，根据客观数据反馈，制定相关心理健康教育课程：一是关于生命教育如"我的生命观""我爱自己""我与世界"；二是关于亲子关系如"倾听——亲子关系的幸福秘诀""延迟开学，您是孩子最好的老师""非常时期，我们用心在一起"；三是关于时间管理如"八招戒掉拖延""居家学习看我的""时间管理，助你张弛有道"；四是关于培育坚毅人格如"疫情之下，向阳而生""积极心理，阳光自我""激发内在力量，积极心态迎挑战"；五是关于调适情绪如"青少年心理调适""假期延长，如何做到心理健康""三件好事，提升情绪免疫力"。

马健媛老师负责七年级学生心理健康教育工作。针对七年级学生的心理特点，马健媛老师通过钉钉系统，为学生们制定以下课程："语言有温度——直面语言欺凌""自制力的培养""我专注我收获我成长""释放焦虑，快乐学习""决策风格""自律""盼开学，怕开学，网课末期的心理调适""复学前的收心攻略"。

2020 年 3 月到 5 月，在八年级学生居家学习期间，孙雪萍老师利用钉钉系统开展"15 秒歌声传情""爸爸妈妈听我说""幸福随手拍""把春天带回家""生活有嘻哈""让爱天天住我家""爱的练习"等亲子关系线上指导活动。

2020 年 3 月，雍阳中学开展"最美家风，做孩子最好的榜样"活动，致敬雍阳中学抗疫一线的医护家长们,同时开展向这些"抗疫勇士"的学生们献爱心活动。

2020年4月,孙雪萍老师为九年级学生做主题为"激发内在力量,积极心态迎复课"的健康课程。

2020年5月,马健媛老师为七年级、八年级学生做主题为"生命教育系列主题"的健康课程。

2020年5月,德育处组织全校老师开展"用心沟通,做智慧型教师"的心理健康沙龙活动。

2020年6月,孙雪萍老师为学校宿管老师开展了四场"高危学生识别与防御"心理健康培训。

2020年4月到7月,心理咨询室开放绿色通道,学生可以自由与心理咨询师约定服务时间。

2020年6月,德育处组织举办"心理教育家长大讲堂"活动,邀请郭立红老师为全校家长开展四场亲子关系指导培训。

2020年6月,由学校心理咨询室对全校学生进行心理状况问卷调查统计。

2020年6月,雍阳中学与武清区中医院心理科举办共创共建活动,聘请精神科李晶主任为学校校外心理专家。

2020年6月,武清区中医院李晶为全校家长和全校老师做了两场主题为"身心健康,从心开始"心理健康科普讲座。

2020年6月,孙雪萍老师为全体班主任做主题为"话中师生情"师生谈话工作培训。

2020年6月,德育处在全校发起"最暖亲子书信"的主题活动,意在为亲子关系助力。

2020年6月,孙雪萍老师为全体教师做主题为"预防心理危机,助力师生幸福人生"的危机与心理健康培训。

2020年6月,孙雪萍老师为全校教师做关于"疫情阶段学生心理状况"的报告。

2020年7月，孙雪萍老师为九年级毕业生做主题为"运用优势，积极赋能"心理舒压活动。

2020年8月，学生发展部成立。

2020年8月至今，孙雪萍老师为2018级和2019级学生做"疫情后学生幸福能力"的调查问卷，2019级学生适应不良状况调查统计分析；根据数据支持，做课程规划。

2020年8月至今，鼓励引导八年级学生建立积极心理档案。

2020年8月至2021年1月，孙雪萍老师利用钉钉班级群，每周一次，开展"小孙姨云分享"家长心理健康教育宣讲活动。

2020年9月，学生发展部举办"班主任成长读书会"。

2020年9月，孙雪萍老师为八年级学生进行"校园暴力，我们零容忍"心理健康知识讲座。

2020年10月，雍阳中学携手新东方培训学校，开展"家校共育，助力成长"讲座；由天津市家庭教育研究会理事周梅老师对七年级和八年级家长做"如何做个称职的中学生家长"专题讲座。

2020年10月，孙雪萍老师为八年级学生进行"反对家庭暴力"心理健康知识讲座。

2020年10月，雍阳中学开展领读者活动。

2020年11月，马健媛老师为全体教师开展心理团体辅导技巧培训。

2020年11月，马健媛老师为七年级学生开展学校校园剧评选活动。

2020年12月，孙雪萍老师为八年级学生开展"献给我的无'艾'青春"心理健康讲座。

2021年1月，孙雪萍老师为全校学生开展"发挥优势，积极迎考"心理健康知识讲座。

2021年1月，李晶主任为全校师生开展心理健康知识讲座。

由于学校开展了扎实的心理健康教育工作,雍阳中学荣获了天津市中小学心理健康教育先进学校。赵斌、李丽君两位老师荣获了全国心理健康教育优秀成果二等奖,谢文竹、朱亚楠、王宇、张彤、刘晶晶五位老师荣获了全国心理健康教育优秀成果三等奖。赵萌老师荣获了天津市中小学心理健康教育优秀教学成果二等奖。马健媛老师的教学课例在天津市中小学心理健康教育教学课例征集展示交流活动中入选了市级教学课例资源库。

第四节　发展艺体教育,打造多彩校园

艺术作为人类重要的审美感知形式,具有独特的感染力。艺术教育对提高人的思想境界有着不可替代的作用,对于提高学生审美修养、丰富精神世界、发展形象思维、激发创新意识、促进青少年健康成长具有重要的作用,是我国实现素质教育培养的重要途径。《中华人民共和国教育部关于推进学校艺术教育发展的若干意见》也明确指出:"艺术教育对于立德树人具有独特而重要的作用。学校艺术教育是实施美育的最主要的途径和内容。艺术教育能够培养学生感受美、表现美、鉴赏美、创造美的能力,引领学生树立正确的审美观念,陶冶高尚的道德情操,培养深厚的民族情感,激发想象力和创新意识,促进学生的全面发展和健康成长。落实立德树人的根本任务,实现改进美育教学,提高学生审美和人文素养的目标,学校艺术教育承担着重要的使命和责任,必须充分发挥自身应有的作用和功能。"

一、艺术教育成效

(一)音乐教育成效

杨村第八小学的音乐教学多年秉承"培养学生音乐素养,追求高效音乐课堂,让学生快乐学习"的教学理念,在教学中不断实践创新。经过多次的外出调研、参观学访，建校第二年就正式把口风琴这种将吹奏和弹奏相结合的键盘乐器引入课堂。

十余年来，多次为全区的音乐教师做器乐教学展示课、研究课。在历次市区级比赛中，均有学校口风琴课例获奖。学校承担了区级课题《小学艺术学科体验式教学模式的应用研究》，在课题研究的过程中，将口风琴进课堂作为体验式教学模式的一种手段，推出"创设情境—感受情境—体验情境"的教学模式。

学校在 2008 年成立了 180 人的口风琴校队。团队多次参加区校园艺术节器乐类比赛、区校园艺术节的展示，更是校运会的开幕式、学校各类展演的保留节目。在此基础上，学校又于 2013 年 9 月成立了管乐社团，聘请校外专业教师指导训练。在武清区校园艺术节比赛中，连续四年获优秀奖。合唱训练一直坚持梯队式的训练模式，校合唱团由各年级合唱队择优选拔，长期坚持专业训练，多次在各级各类展演活动获奖，大小合唱作品参加区校园艺术节比赛，均为一等奖。合唱《金色的安琪》在比赛中获市级奖。2017 年 5 月，学校举办了京津冀合作学校协同发展音乐学科合唱教学展示活动，受到与会领导和老师们的好评。2017 年 10 月，学校合唱团排演的百人诵读《少年梦，中国梦》被武清区教育局选送，参加区委区政府喜迎十九大庆祝活动，演出受到区、局领导的高度赞扬。2017 年 11 月，学校合唱团作为唯一一支武清代表队被武清区教育局选送参加天津市合唱节比赛，获市级二等奖。

雍阳中学于 1999 年成立了合唱团，成员由最初的 6 人发展到现在 60 人。合唱团由音乐教师李红杰负责组织指导、排练，每天上、下午大课间作为合唱团的固定活动时间，从发声练习到声部练习小曲，再到三声部、四声部合唱曲，梯度逐渐加深。

合唱团多次在市区级艺术展演、比赛中获奖，为提升学校艺术教育水平、推动美育内涵发展、促进学生全面健康成长打下坚实基础。2004 年，合唱《我是草原小歌手》《半个月亮爬上来》在武清区第十三届校园艺术节上荣获一等奖;2005 年,小合唱《快乐的啰嗦》第武清区第十四届校园艺术节上荣获一等奖;2008 年,合唱团在武清区学生合唱节评比活动中,荣获二等奖;2009 年,合唱团荣获天津市学生合唱节第四届班级合唱比赛优秀奖;2010 年,小合唱《小龙舟》荣获天津市学校文艺展演三等奖;2011 年,合唱《唱响龙舟》在武清区第二十届校园艺术节上荣获二等奖;2015 年,三声部合唱《蓝蓝的夜,蓝蓝的梦》在武清区第二十四届校园艺术节上荣获二等奖,同年在天津市学校文艺展演中荣获三等奖;2017 年,合唱《最初的梦想》在武清区第二十六届校园艺术节上荣获三等奖;2019 年,大合唱《金光大道西柏坡》在武清区第二十八届校园艺术节上荣获二等奖,同年 12 月在武清区教育系统爱国主义歌曲展演活动中表演;2020 大合唱《金光大道西柏坡》在天津市学校文艺展演中荣获三等奖;2020 年 12 月,合唱团被评定为第一批天津市优秀学生艺术团。

（二）美术教育成效

美术教学是杨村第八小学的艺术特色。美术组是一支充满活力、学习气氛浓郁的教研团队。学校在历届市区级双优课、展示课、研究课、录像课等活动中作课 50 节,撰写的论文、案例 40 余篇,均获国家、市、区级奖,有多篇论文和案例在国家、市、区级刊物上发表;承担的国家、市、区级课题 5 个,均被评为国家级优秀子课题和 A 级课题。

学校在 2005 年编写了武清区第一本美术校本教材——《说运河 看运河 画运河》。通过课题教学研究和教材开发,学校的美术教学成果一直名列前茅:多次成功组织市区级美术大型活动成果展示、交流、研讨活动;多次获得市区级美术教育教学成果一等奖。

学校立足美术教育教学特色和学生特长发展,每学期都组织校内书画作品交流活动,参与率达百分之百。"缤纷童年儿童书画"社团经常参与市区级绘画长卷和展示活动,受到社会各界人士的好评。

2014 年学校编写了"成长的足迹"——杨村第八小学美术教育教学成果画集。成立了版画、盘画、布艺、彩铅画、纸立体、国画、书法、儿童画小组。儿童黑白版画和纸上仿蜡染画已成为武清区的一大特色。学生作品多次在国家、市、区级各类美术活动中获奖、展示和刊登。在 2016 年 5 月天津市文艺展演中，学校 60 多名学生的现场剪纸作品分获市级一等奖、二等奖和三等奖

2018 年学校学生参加区艺术节现场比赛，6 人获得区级一等奖，并参加市级现场绘画大赛。在天津市剪纸大赛中，学校有 7 名学生获市级一等奖，2 位教师的剪纸作品收录在区博物馆展出。在第二十届"真彩杯"全国少儿美术绘画大赛中，学校共有 30 多名学生分别获得天津赛区一等奖、二等奖和三等奖，优秀学生应邀参加了颁奖典礼。

二、体育教育成效

雍阳中学自建校以来一直把落实国家体育课程计划、开展阳光体育运动作为促进学生身心健康发展的根本途径。充分发挥体育育人功能，通过课程教学、系统训练、特色活动、竞技比赛实现了强健体魄、和谐身心、锤炼品格、砥砺坚韧这个育人目标，形成了独具特色、成果显著的雍阳体育模式。《天津教育》《武清教育》等多家媒体对学校体育工作成果进行报道。

（一）课程教学，提升身体素质

按照《国家学生体质健康标准》，学校积极探索体育特色课程建设，自主开发篮球、足球、排球等校本课程，适当增加教学内容，体现了体育课程的科学性、实效性、趣味性。

根据《天津市初中毕业升学体育统一测试成绩评定标准》，学校切实加强毕业升学体育考试的教学工作，制订了体育中考教学训练计划及措施，每日早操、课间操、体育课，保证体育锻炼时间，制定详细的课程计划，科学合理安排授课内容，针对体考项目为学生安排有针对性专项练习。

2020 年在天津市体育中考测试中，学校有 515 名学生取得满分，满分率高达81.9％，两项指标自天津市实施体育中考测试以来连续十二年创新高，并在全市遥遥领先。

（二）系统训练，提升竞赛成绩

学校田径运动队体育训练工作常抓不懈，平时利用早操时间进行专业集中训练，体育组教师分工合作，指导有方，切实抓好每个项目的训练工作，在提高运动员运动水平上做出不懈努力。

2020 年学校运动员在各级各类体育比赛中捷报频传，在武清区中小学田径锦标赛中，学校代表队共摘得 15 枚奖牌，以总分 118 分的成绩，荣获武清区直属初中组团体总分第二名。在武清区中小学乒乓球锦标赛中，学校代表队男子组、女子组均获得团体冠军，刘济恺、张晓楠同学分别获得男子单打第一名、女子单打第一名，曹东瑞获男子单打第三名。以下是学校获得 2020 年武清区中小学田径赛若干奖项的荣誉榜单。

荣誉榜

刘丽娟获初女甲组 800 米第一名、400 米第二名

何诗语获初女甲组跳远第二名、跳高第三名

刘祚宇获初男乙组铅球第二名、铁饼第七名

李新宇获初女甲组 100 米第三名、200 米第五名

陈小米获初男甲组 800 米第三名、1500 米第六名

陈响获初男甲组跳高第四名

周靖宇获初男甲组 1500 米第五名

史沁冉获初女甲组 100 米第五名

王新昊获初男甲组 200 米第六名

石颖函获初女甲组 400 米第七名

陈心悦获初女乙组 100 米第八名

王新昊、陈小米、陈响、白景霖获初中男子组 4×100 米接力第二名

王新昊、周靖宇、曹祚章、陈小米获初中男子组 4×400 米接力均获第二名

石颖函、史沁冉、刘丽娟、李新宇获初中女子组 4×100 米接力第六名、4×400 米接力第五名

（三）特色活动，展现良好的精神风貌

1. 每日早操锻炼

早操活动是学校注重学生身心健康与发展所采取的一项重要举措，每日清晨，全校学生在操场集合、跑步、素质训练，整齐的队伍、矫健的步伐、响亮的口号，展现了雍阳学子良好的精神风貌，促进了学生积极参加体育锻炼，提高了学生体质健康水平。

2. 秋季田径运动会

每年的秋季运动会更是精彩纷呈，高潮迭起。100 米、200 米、400 米、1000 米等径赛项目，跳远、实心球、跳高等田赛项目，八字跳绳、动力火车、趣味障碍赛等创意项目有序进行。运动员们意气风发，在操场上尽情挥洒汗水，展现速度、力量、激情和团队精神。校运会的举行，既是对学校体育工作、师生综合素质和精神风貌的一次检阅，也是对运动员身体素质、竞技水平、心理承受能力等综合素质的考验，更是各班团队意识、竞争意识、顽强拼搏精神的综合体现，有效推动学校各项工作良性发展。

3. 丰富多彩的大课间活动

开展丰富多彩的阳光体育大课间活动，确保学生每天锻炼一小时。认真组织学生做好广播体操，结合学校的实际情况及特点，不断推陈出新和丰富活动内容，积极开展多种形式的强身健体活动：蜗牛与黄鹂鸟、十六步、健身气功《八段锦》。根据不同年级特点，编排多种形式的大型团体操：七年级《你笑起来真好看》、八年级《最好的舞台》、九年级《卡路里》。丰富了学生课余生活，让学生真正体会到了"我运动、我快乐、我健康"的意义。

（四）竞技比赛，营造了全员体育的浓厚氛围

每月定期开展的校园体育竞赛活动，营造了全员体育的氛围。春季长跑比赛、篮球联赛、足球联赛、拔河比赛、队列广播操比赛、趣味游戏躲避球比赛等，进一步丰富了学生的课余文化生活，提升了学生的体能素质，提高了学生

的团结协作意识,增强了学生的集体荣誉感。

第五节　强化育人能力,促进教师成长

"立德树人本质上就是全面贯彻党的教育方针,坚持实施素质教育,在教书过程中育人,在育人过程中将德放在首位,努力培养担当民族复兴大任的时代新人,培养德智体美劳全面发展的社会主义建设者和接班人。从这个意义上讲,新时代落实立德树人根本任务之关键,在于加强教师队伍建设。"教师是立教之本、兴教之源。立德树人,师德为范;教育大计,教师为本。学校既是教师队伍建设的主阵地,又是教师成长的平台。无论是杨村第八小学还是天津市雍阳中学,笔者都积极通过各种方式为教师的专业成长铺路搭桥,也涌现出了一大批优秀教师。

一、杨村第八小学的教师成长典型

（一）为人师表,师德惟馨——尤超

尤老师是杨村第八小学一名普普通通的教师。他始终坚守在教学一线。在生活中,他向善向上,用小善塑造着青年教师的社会形象。"百善孝为先,拾重金不昧,言谈举止能濡染周围的人,勇挑重担释放正能量"等,都是周围人对他真实写照的评价词。

随着新一轮基础教育课程改革在各地全面展开,新课程所倡导的新理念也如缕缕清风走进校园。尤老师不断钻研,践行生本课堂。十七年来,凭着对数学教学的热爱和严谨的工作作风,他的教学模式受到了广大师生的好评,教学成果显著。徒弟李霞老师在他的帮助下,现在已成为学校的骨干,在数学界也有一定的影响力。

和孩子们在一起的日子里,他始终以爱心对待每一名学生和家长,用真情凝聚起班级力量。家长们真心地为他送上这样的感恩词："您是孩子们生命中的贵人！"

走进他的班级，整洁优雅的环境，朗朗动听的读书声，师生谈心的温馨画面……他满心装的是这个班，是每一个孩子的未来。为了让孩子们写好字，继承国粹书法文化，他邀请了邯郸书协的侯爷爷义务到班里给孩子们讲书法，练书法。目前，孩子们的书写水平有了很大提高，对传统文化产生了浓厚的兴趣。

为了打造"明理班级"，他身先士卒，言传身教，处处做出示范。并利用"节日季"，开展"争做孝心好少年""雏鹰争章""我要做班级正能量"等活动。让孩子们懂得了感恩；懂得了孝顺父母；懂得了关心集体；关心他人；懂得了励志读书——他们班的系列"立德树人"活动深受家长的欢迎与期待。都为这个班的孩子感到幸福和骄傲！

（二）教书典范，育人楷模——罗宗娟

罗宗娟老师是杨村第八小学优秀班主任的代表，她朝气蓬勃，善于思考，主动探究，创新工作；她爱生如子，既是学生们的严师，又是慈母；她善于发现每个学生身上的闪光点，精心准备礼物表扬激励。班上有学生过生日时，她就准备一个大大的蛋糕和亲自做的礼物；当学生们献爱心时，她会让他们把零用钱存放到班级的存钱罐里，捐给希望工程；当学生们喜欢阅读时，她会送给学生最爱的书籍。在她付出的同时，也收获了学生及家长的爱戴。

罗老师注重常规养成教育，课上琅琅的书声、课下安静的活动、楼道靠右行、有礼貌地向师长问好、整齐的路队、丰富多彩的大课间活动都体现出学生们井然有序的常规习惯。良好的习惯使孩子们受益终身。

爱是相互的，学生们也深深爱着这位"罗妈妈"。课上一起学习，课下一起谈心。一句句"罗老师，我爱您"，一声声"罗老师，谢谢您"，体现了学生和家长的信任。

罗老师注重打造特色班级，实现了管理特色化。上好班队课、轮换班干部、细化分工、举行特色活动,成为全校班级创建的典型。

罗老师的言行在学生幼小的心灵种下了美丽的种子。一篇篇习作表达了感恩之情,一封封表扬信抒发了真挚情谊,一面面锦旗诠释了教育真谛。"育人的楷模,教书的典范"是对她最好的评价。

(三)三尺讲台,永葆活力的青年党员——李鸿昌

班级管理有特色,教育教学有方法,积极奋进有思想,勇挑重担受表彰。他就是杨村第八小学教学一线的青年党员——李鸿昌。

李老师授课方法独特:幽默风趣的语言,细致透彻的讲解,洞察心灵的眼神,轻松活泼的课堂,赢得了学生的爱戴。他教过的学生都成了他的粉丝。

李老师是一个"学习狂人",他不放弃任何机会进行深造,自学心理学知识。工作中,他教育孩子有方法,沟通家长讲技巧,所带班级被评为"区级文明班集体",个人被评为"校级优秀班主任"。

李老师创新数学教学,他带着学生"想数学—说数学—做数学",把每个图形题的解题过程都演变成了动态的画——内化了空间想象的能力,把每个竖式的计算过程都编排成了优美的歌——显化了计算思维的过程。

他认真钻研各种学科的教学,注重激发学生创新思维,提升学生综合能力。他与他的学生在科学课上解读电与磁的奥秘,在劳动课上玩转制作小台灯,在发现与探索课上探究飞机起飞的原理。

李老师在出色完成各科教学任务的基础上,主动承担了学校其他工作。他的工作量总是超额的,他曾经承担过两个班数学和一个班班主任工作,充分体现了一名共产党员的先锋模范作用。每一次党员集体学习的会场布置、视频优选和PPT制作,他都默默地做好了充分准备工作。

作为年轻党员,他严格按照党支部要求利用课余时间深入学习党的理论知识,不断提升党性修养,并将党的先进理论转化为实际行动,服务广大群众。他争做交通安全志愿者,无论是阴雨绵绵,还是烈日当空,他都会坚守岗位,尽职尽责,展现了青年党员的飒爽英姿。

李鸿昌"为而不争，永葆活力"，他的事迹是杨村第八小学党支部众多优秀青年党员的一个缩影。党支部老中青三代将齐心协力，人人树立榜样，与其他教师一起，继续争创学校新佳绩！

（四）绿茵场上的发光者，积极奋进的年轻人——范俊宝

范俊宝，入党积极分子，区级优秀共青团员，中国足协D级教练员，现担任杨村第八小学体育教师，负责10个班级的足球教学和足球训练、竞赛工作。作为学校的新生力量，他在工作中努力学习、积极进取、巩固业务、提高能力，形成了自己的教学特色，为学校的足球教学做出了重要贡献。

课堂教学中，他创设游戏竞赛情景进行教学，学生乐学爱学，积极参与，努力表现。他与学生建立了深厚的友谊，课下是学生们心目中亲切的大哥哥。

足球训练中，他运用先进理念，采用独特方法，善于发现问题和分析球员，系统、全面性地训练，学生的足球技能显著提升。在连续两届的区级中小学足球联赛中，杨村第八小学都取得了优异的成绩。

他努力学习、不断深造，多次参加全国校园足球骨干教师专项培训和教练员培训，掌握了先进的足球教学和训练的知识和方法；坚持自学教育学、心理学和体育专项知识，连续两年在区级体育教师基本功大赛中获得一等奖。

他阳光开朗，无私奉献，多次无偿执裁足球竞赛；作为第十三届全运会志愿者，他尽职尽责，赢得了领导和同行的好评。

他以"天道酬勤"为自己的座右铭，立志做一名"有心"的教育工作者，为教育事业献出自己的光和热，不断超越自我，实现人生价值。

二、天津市雍阳中学的教师成长典型

（一）让青春在奋斗中闪光——徐晶

徐晶，中共党员，一级教师，现任教务副主任，八年级组长，八年级十二班

班主任,语文教师,武清区初中学段语文学科教研中心组成员。先后被评为天津市教育系统劳动竞赛示范岗先进个人,武清区 2018 年第二季度"武清好人",武清区城乡妇女岗位建功先进个人,武清区教育系统"巾帼精英",武清区"新长征突击手"。

十三年前,徐晶老师满怀着对教育事业的热爱与憧憬,走上三尺讲台,将自己全部的心血和汗水奉献给了她所热爱的教育事业,默默地坚守着平凡的岗位,履行着神圣的职责,用信念与责任为学生们撑起一片爱的晴空。

作为班主任,徐老师以身作则、率先垂范,用自己的品德和言行教育影响学生,关心和爱护每一位学生,细致耐心地做好学生的思想工作,每天早晨六点钟,她与学生们一起晨练,课间时,她与学生一起交流、谈心。渐渐地,她成了学生的良师益友,也摸索出了自己独特的班级管理方法,所带班级多次被评为区级文明班集体,校级三好班集体。

作为一名语文教师,她在教学过程中,始终贯彻新课程改革的教育理念,以自主、合作、探究的学习方式,让学生成为课堂的主人。希望自己的语文课堂有诗、有画、有情,希望学生们浸润在诗的意境、美的画面和爱的怀抱中,感受语言,积累语言。学会优美地表达,享受优雅的人生,是她在语文教学工作中不懈的追求。

为了提高自己的理论素养和专业水平,2014 年通过自学,她顺利考取天津师范大学在职教育硕士,三年的在职学习,她克服一切困难,一边学习,一边工作。"宝剑锋从磨砺出,梅花香自苦寒来",在中华人民共和国教育部 2015－2016 年度"一师一优课、一课一名师"活动中,所讲《蒹葭》一课被评为部级优课。在全国第五届"我的模式我的课"高效教学模式博览会中所讲《春酒》一课获二等奖。在天津市第九届中小学"双优课"评选活动中,获市级二等奖。在武清区教育系统青年教师教育教学技能竞赛中获一等奖。指导学生参加全国中学生语文能力竞赛,获全国一等奖。

十三年来,她的教育观念、教学思想不断更新,但对学生的拳拳爱心、对教育事业的执着追求却恒久不变。她将继续奋斗在自己的工作岗位上，让自己的青春在奋斗中闪光。

（二）追寻教育真谛，谱写永恒师魂——潘颖

潘颖，一级教师，现任八年级生物教师，生物教研组组长，武清区教研室兼职教研员，天津市初中生物学科课程改革中心组成员。先后被评为天津市初中生物学科领航教师，武清区优秀教师，多次被评为雍阳中学师德标兵和师德先进个人。

潘颖老师1999年参加工作，在天津市雍阳中学辛勤耕耘了二十载，这让她对教育教学有了深刻的领悟。作为学生的引路人，做学问和做人是教师最鲜明的两面旗帜，所谓"经师易得，人师难求"，潘老师一直把做好"经师"，争做"人师"作为自己的职业追求。工作中，她勤于思考，勇于探索，不断创新。近年撰写的教育教学论文有《浅谈新生适应期的心理问题和疏导》《提高情商，培养高心理素质的人才》《让学生学习并快乐着》《学生主体视角下"眼与视觉"一课的教学策略》《改变课堂"软环境"，提高教学有效性》等十二篇，分别获得国家级、市级和区级奖项。

潘颖老师参加的各项评比均获市级、区级奖励，其中，在第九届"双优课"评选中获市级二等奖。课例"细胞的生活"和"消化和吸收"在"一师一优课，一课一名师"评选中先后被评为天津市市级"优课"。指导学生参加"绿色的迁徙，精彩的世界"主题研究活动获得市级一等奖，代表天津赛区参加全球总决赛获得三等奖。指导青少年科学幻想绘画作品《假冒化妆品识别镜》获青少年科技创新大赛市级一等奖。

大事看担当，小事见人品。做班主任工作，潘老师更加注重身教的示范作用。她朝六晚九地陪伴自己的学生，每天从早操到晚自习，每天目送最后一名学生离开教室，确认电源和门窗关好，才能安心离开；一年十几万字的"心语交流"是她倾听学生心声，与学生交流思想的印记；她的备忘录中按时间顺序记录着一串串出生日期，只为能给她的学生送去生日祝福。2017级七

年级二班和谐、融洽的师生关系,阳光、自信、快乐的班级氛围滋润着学生稚嫩的心灵,为学生们注入拼搏的动力。

八小时之内的是工作,八小时之外的工作是追求。作为领航教师,潘老师坚持读书学习,锤炼自己的教育教学技艺,深入研究教育教学规律及其在教学中的转化和应用。为了研究适合学生学习的课堂教学方案,潘老师利用业余时间钻研"认知神经科学"的相关书籍,寻找大脑工作的规则,并对学生进行科学用脑训练,挖掘学生智力潜能,提高学生认知效率,提升学生的认知层次,为学生学会科学有效的学习奠定基础。

互联网和通信技术的快速发展使人类知识和信息的获取和处理方式发生巨大的变化。面对"互联网+时代"给教师带来的挑战和机遇,面对未来教育发展的趋势,潘老师自觉学习现代教育技术,创新教育教学方法。应用互联网和通信设备辅助教学,不仅通过智能终端与家长和学生进行时时通讯,还在线布置作业,进行检测,检查作业完成情况。用统计数据,反馈学习效果,有针对性地指导教学和学习,拓展了教师教和学生学的新渠道。

一个"70后"的教师面对一群"00后"的学生,潘老师希望用真诚的心灵融化时代的隔膜,用执着的追求弥补主观的不足,用创造的热情点亮学生在雍阳的每一天。

(三)青春无悔献杏坛,真情满腔育英才——周宏宇

周宏宇,中共党员,中级一级教师,现任语文教师,先后被评为武清区优秀青年教师,武清区"六个争创"群众性精神文明创建活动文明示范户标兵,武清区师德先进个人,连续八年被武清区妇联授予"阳光工程"爱心助学活动先进个人。

从走上三尺讲台的那一刻起,周宏宇老师就将自己全部心血奉献给热爱的教育事业。寒来暑往十四载,始终脚踏实地,默默耕耘。

教学工作中,她坚持特色和创新,营造宽松自由的氛围,让学生的灵性得以充分展现,有深度有广度的教学方式涵养了学生的心灵,丰富了学生的人

文底蕴。她指导学生一百余人次在全国中学生语文能力竞赛、中国中学生作文大赛、全国"创新杯"作文征文以及"好书伴我成长"读书活动等各类语文竞赛中获奖，她多次荣获国家级指导教师奖。应邀在第五届全国课博会上做展示课，受《天津教师报》委托和西青区杨柳青第四中学邀请做专题研究课，在武清区培养青年教师的"青蓝工程"中做示范课，多次承担天津市教研室调研活动展示课及区级、小区级、校际交流和骨干教师观摩课。

她潜心钻研，笔耕不辍，坚持撰写教育教学随笔、日志、反思，十多篇教育教学、心理研究、班级管理论文获得国家级、市区级奖励。参与研究国家级课题"语文实践活动如何体现学生自主性的研究""'双线自主活动教学'理论在写作教学中的实践及应用""班级文化与艺术管理""德育实践课程研究"，市级课题"班级文化建设在培育和践行社会主义核心价值观中的实践研究"，区级课题"语文综合性学习中学习主动性的培养与研究"。教学设计、课件以及录像课多次获奖。在天津市第九届"感恩伟大祖国，增进民族团结"演讲比赛中获得市级二等奖。

班主任工作中，她早来晚走，兢兢业业，勤勤恳恳，注重言行举止对学生的熏陶、示范、启发和引领，让每个学生对仁义礼智信及温良恭俭让的传统美德有更深刻的认识和更自觉的传承。对每个学生都关心备至，让每个学生都能展现属于自己的那一份精彩。对经济困难学生经常解囊相助，还热心资助了11名来自贫困家庭学生。荣获班主任专业技能大赛市级三等奖，武清区中小学班主任论坛一等奖，所带班级被评为区级文明班集体。

回顾以往，她把爱无私地献给了学生，把青春献给了教育事业。展望未来，她会继续用一腔真情育桃李芬芳，用一生来诠释对教育事业无悔的忠诚！

（四）用情点亮青春梦想，用爱浇灌桃李芬芳——赵斌

赵斌，中共党员，一级教师，现任办公室副主任，九年级十二班班主任，九年级十一班和十二班化学教师，中国教育学会会员，武清区教研室化学学科兼职教研员，武清区"鲲鹏计划"骨干人才。

　　赵斌老师曾先后被评为全国教育科研先进实验工作者、全国最美教师候选人，天津市"教工先锋岗"先进个人、天津市教育系统劳动竞赛"示范岗"、天津市教育学会先进工作者、天津市五四青年奖章评选候选人，武清区教育系统优秀共产党员、武清区阳光工程爱心助学活动先进个人、武清区优秀教师、武清区优秀班主任、武清区十佳青年教师、武清区骨干教师、武清区新长征突击手、武清区三育人先进个人、武清区学习型个人，雍阳中学优秀教师、师德标兵、师德先进个人、优秀班主任、中考杰出教师等。

　　时光匆匆，讲台躬耕二十载，白驹过隙，杏林挥汗果满园。赵斌他努力用行动诠释"学高为师，德高为范"，他用披星戴月、废寝忘食、诲人不倦践行"传道、授业、解惑"。

　　他是班主任，十九个春夏秋冬，与晨星为伴，与月亮同行，与青春共舞，与疾病抗争。偏头疼、颈椎病、胆囊息肉……更严重的是，他又患了慢性糜烂出血性胃炎，半年下来体重掉下 20 斤。可是，在雍阳中学改制的关键时期，在学校面对巨大挑战的时刻，他没有选择离开，而是一如既往，勇挑重担，身兼数职。每天都是边吃药、边工作，由于一直以来的严重透支，他晕倒在课堂上，被同事、学生送到医院紧急救治。身体多项指标都异常，医生诊断为过度劳累所致，要求卧床休息。因为正值中考冲刺的关键时刻，他没有听从医生的劝告，仅住了两天便回到学校。

　　是的，他离不开学生，离不开他视如己出的孩子。他用慈母样的柔情呵护每一名学生，用严父般的严厉锻造每一个精英。接班前，他要求自己必须做到对每名逐一家访，了解每一名学生的情况；检测后，他要求自己必须做到逐个谈话，卸下每一个思想包袱。磨砺出剑锋，苦寒育梅花。他所带的班级多次被评为三好班集体，体考满分率始终名列天津市前列，他的学生多次获得中考状元，先后有二十人考入北京大学和清华大学。

　　他是化学老师，他在酸碱盐的平衡中努力寻找支点，在溶质溶液中积极探索为师的付出与快乐。他忙着听课，学习，实践，总结，逐渐形成了属于自己的独特的教学风格。他的课堂是灵动的，他讲，学生也讲；他的课堂是激情勃发的，他故意漏出的破绽，总有学生可以辨出；他的课堂是紧张的，不留一丝一毫走神的机会。他的化学课备受追捧，他有阵容强大的粉丝群，他是学生心目中的男神。

他是"教学能手"，2010 年 8 月，在内蒙古自治区包头市举办的 2010 年度全国中学化学优质课竞赛中，他的现场教学"化学与环境"荣获全国一等奖；"酸和碱的中和反应"获得全国一等奖。"双优课""示范课""电教课""展示课"多次获得市级和区级奖励。另外，在教学之余，他坚持总结与反思，并诉诸笔端。先后有三十篇论文获国家级、市级、区级奖励；他负责和参与了十五个国家级、市级和区级的课题研究均已结题。

二十年的工作实践，十九年的班主任生涯，挥洒了汗水，取得了成绩，他深知，奖章的背后还有领导、老师们的支持、理解与鼓励。荣誉已写进历史，努力还在继续。在教育这片沃土中，在未来的日子里，他会一如既往，去拼搏、去奋斗，用情点亮青春梦想，用爱浇灌桃李芬芳。

参考文献

[1][德]C. H. Becker,[波兰]M. Falski,[法]P. Langevin,[英]R. H. Tawney. 中国教育之改进[R]. 国立编译馆译. 上海:文心印刷社,1932.

[2][日]岛内宪夫. 世界卫生组织关于"健康促进"的渥太华宪章[J]. 张麓曾译. 中国健康教育,1990(5).

[3]陈家麟. 学校心理健康教育:原理、操作与实务[M]. 北京:教育科学出版社,2012.

[4]陈来. 九十年代步履维艰的国学研究[EB/OL]. 2020-12-14. http://www. nanss. org/Item/795. aspx.

[5]崔记维校点. 周礼[M]. 沈阳:辽宁教育出版社,2000.

[6][美]杜威. 民主主义与教育[M]. 王承绪译. 北京:人民教育出版社,1990.

[7]杜悦. 什么是国学 什么是传统文化——中国文化研究所刘梦溪所长访谈录[N]. 中国教育报,2007-5-23(5).

[8]黄济. 在中小学如何开展国学教育[J]. 课程·教材·教法,2015(2).

[9]冀昀主编. 尚书[M]. 北京:线装书局,2007.

[10]中华人民共和国教育部师范教育司. 于漪与教育教学求索[M]. 北京:北京师范大学出版社,2006.

[11]中华人民共和国教育部习近平新时代中国特色社会主义思想研究

中心.新时代加强教师队伍建设的关键所在[N].光明日报,2019－06－11(6).

[12]金晓东校点.礼记[M].上海:上海古籍出版社,2016.

[13]亢德芝.重视青少年心理健康问题.人民日报[N].2019－05－23(18).

[14]课程教材研究所.20世纪中国中小学课程标准·教学大纲汇编:课程(教学)计划卷[M].北京:人民教育出版社,2001.

[15]课程教材研究所.20世纪中国中小学课程标准·教学大纲汇编:语文卷[M].北京:人民教育出版社,2001.

[16]李晓东.一本书读懂西方智慧[M].北京:北京师范大学出版社,2013.

[17]李杏保,顾黄初.中国现代语文教育史[M].成都:四川教育出版社,1997.

[18]联合国教科文组织国际教育发展委员会.学会生存——教育世界的今天和明天[M].华东师范大学比较教育研究所译.北京:教育科学出版社,1996.

[19]刘光宇.领导干部应该多读经典[N].2008－11－23(A12).

[20][美]罗伯特·梅逊.当代西方教育理论[M].陆有铨译.北京:文化教育出版社,1984.

[21]马景林.吸引优秀的人进入到学校 才能教出我们所期待的优秀的人[Z/OL].2020－12－17.http://education.news.cn/2020－12/17/c_1210934587.htm.

[22]孟楠.关于学校心理健康教育现状的思考[J].教育探索,2006(2).

[23]任继愈.应当开展经典文化建设活动[J].今日浙江,2001(11).

[24]单中惠.现代教育的探索——杜威与实用主义教育思想[M].北京:人民教育出版社,2002.

[25]谭鑫,彭玮婧.我国中小学心理健康教育建设的省际政策比较——基于31省份中小学心理健康教育实施方案的文本分析[J].湖南师范大学教育科学学报,2021(1).

[26][美]威廉·赫舍尔.人是谁[M].隗仁莲译.贵阳:贵州人民出版社,1988.

[27]王松泉.关于中国语文教育发展史的分期问题[J].首都师范大学学报,1995(4).

[28]王志超."心理教育"质疑——兼论"心理健康教育"的逻辑悖论[J].南京师大学报(社会科学版),2007(4).

[29]韦磐石.中小学心理健康教育的显性问题及对策[J].吉首大学学报(社会科学版),2001(5).

[30]吴安春.现代教育背景下如何开展国学教育[N].中国教育报,2016-11-10(7).

[31]习近平谈国学[J].党员干部之友,2015(8).

[32]新华社.习近平出席全国教育大会并发表重要讲话[N/OL].2018-09-10.http://www.gov.cn/xinwen/2018-09/10/content_5320835.htm.

[33]熊贤君.现代中国国学教育运动形成原因破译[J].华东师范大学学报(教育科学版),2006(1).

[34]杨雄,魏莉莉,刘程,等.当代中学生思想道德发展的新特征——基于全国十省抽样调查的统计分析[J].中国青年研究,2020(8).

[35]游国恩,王起,萧涤非,等.中国文学史(第2册)[M].北京:人民文学出版社,1963.

[36]张岱年等.国学今论[M].沈阳:辽宁教育出版社,1991.

[37]张隆华,曾仲珊.中国古代语文教育史(第2版)[M].成都:四川教育出版社,2000.

[38]张孝纯."大语文教育"的基本特征——谈我的"大语文教育观"[J].

天津教育,1993(6).

[39]中国二十世纪通鉴编辑委员会.中国二十世纪通鉴(第一册)[M].北京:线装书局,2002.

[40]周燕.关于我国学生心理健康研究的几点思考[J].教育研究与实验,1995(1).